综合素质拓展

（第三册）

主　编　周志和　阳　娟　李　规
副主编　曾怡华　肖　靓　金顺燕
　　　　周莎莎　吴妙琼　张秋亮
参　编　张　晶　朱志莉　谢岁炎　邵耀彩
　　　　刘容梅　王　琦　邓　腾　柯　莎
　　　　周雯婷　陈学武　唐　羿　黄　娟

北京理工大学出版社
BEIJING INSTITUTE OF TECHNOLOGY PRESS

版权专有　侵权必究

图书在版编目（CIP）数据

综合素质拓展．第三册／周志和，阳娟，李规主编．—北京：北京理工大学出版社，2019.8
（2020.8 重印）

ISBN 978-7-5682-7490-6

Ⅰ．①综… Ⅱ．①周… ②阳… ③李… Ⅲ．①大学生－素质教育－高等学校－教材 Ⅳ．①G640

中国版本图书馆 CIP 数据核字（2019）第 179562 号

出版发行／	北京理工大学出版社有限责任公司
社　　址／	北京市海淀区中关村南大街5号
邮　　编／	100081
电　　话／	（010）68914775（总编室）
	（010）82562903（教材售后服务热线）
	（010）68948351（其他图书服务热线）
网　　址／	http：//www.bitpress.com.cn
经　　销／	全国各地新华书店
印　　刷／	涿州市新华印刷有限公司
开　　本／	787 毫米×1092 毫米　1/16
印　　张／	9.5
字　　数／	225 千字
版　　次／	2019 年 8 月第 1 版　2020 年 8 月第 2 次印刷
定　　价／	36.00 元

责任编辑／	申玉琴
文案编辑／	时京京
责任校对／	周瑞红
责任印制／	施胜娟

图书出现印装质量问题，请拨打售后服务热线，本社负责调换

前 言

十九大报告提出："青年兴则国家兴，青年强则国家强。青年一代有理想、有本领、有担当，国家就有前途，民族就有希望。"习近平总书记强调："中国的未来属于青年，中华民族的未来也属于青年。青年一代的理想信念、精神状态、综合素质，是一个国家发展活力的重要体现，也是一个国家核心竞争力的重要因素。"确实，良好的综合素质是广大青年担当时代责任，实现伟大中国梦的基石。高校承担着立德树人的根本任务，作为高校教育工作者，我们应竭尽所能，为青年学生的成长成才搭建平台。当代青年生逢其时，也重任在肩，唯有坚定理想，勇于开拓，励志勤学、刻苦磨炼，才能在激情奋斗中绽放青春光芒，才能创造无愧于时代的人生华章。

大学生是优秀的青年群体，是社会发展的主力军。当代大学生既要掌握系统的专业知识，更要具备较强的综合素质，具体表现为较高的道德品质、心理素质、文化素养和创业创新能力等。成年初期，大学生应树立正确的世界观、人生观和价值观，积极培养与时俱进的思维能力，塑造良好的道德品格，养成健康的行为习惯，才能担当起民族复兴的重任。

在学校党委、行政的大力支持下，娄底职业技术学院从2017年开始在全校实施"综合素质拓展"课程教育，为更好地培养学生的综合素质，我们编写了这套教材。在编写过程中，编者充分把握当代大学生身心特点，以"实用""新颖"和"互动"为原则，把课堂教学和德育实践紧密结合，集合了专家、学者、学校管理者和一线辅导员的集体智慧。全书由党委书记、校长任主编，按年级分成3册，共10个篇章44个章节。内容设置上重实际，接地气，通过"课堂导读""课堂思考""课后延伸"和"经典诵读"等环节对课堂教学进行形式多样的组织和安排，力求贴近当代大学生的特点和生活，引发学生的思考和探索，促进学生的成长和发展。

本册是《综合素质拓展》的第三册，包括"就业准备篇""走入社会篇"和"实践经验篇"等章节，有效结合学生就业实际有针对性地开展相关主题教育。根据大学生岗位要求和职业发展需求，精选教育主题，设计情景训练项目，力求教学合一。本册借用与情景相关的名言名句和案例，案例取材贴近学生生活，采用导入式教学方法，激发学生的学习兴趣，巩固学习内容，提高学习质量。

本书的编写借鉴和引用了国内外许多研究成果，因各种原因，未能与这些成果的著作权人和作者一一取得联系，在此表示诚挚的感谢和敬意。感谢本书的所有参编人员。由于编写时间仓促，水平有限，难免有不足之处，恳请读者赐教。

编　者

2019 年 3 月

目 录

就业准备篇

第一章　就业形势 ·· 3
　　第一节　就业形势中的突出问题 ································· 3
　　第二节　就业选择技巧 ·· 8
第二章　心理调适 ·· 20
　　第一节　大学生择业心理概述 ···································· 20
　　第二节　大学生择业中主要的心理问题 ························· 22
　　第三节　大学生择业心理问题的成因及调适 ··················· 24
第三章　求职材料 ·· 28
　　第一节　写求职材料前的准备工作 ······························· 28
　　第二节　求职信 ·· 30
　　第三节　个人简历 ··· 34
第四章　职场礼仪 ·· 38
　　第一节　称呼礼仪 ··· 38
　　第二节　问候礼仪 ··· 40
　　第三节　乘车礼仪 ··· 43

走入社会篇

第五章　法律法规 ·· 49
　　第一节　劳动法 ·· 49
　　第二节　劳动合同 ··· 51
　　第三节　社会保险法律制度 ······································· 55
　　第四节　劳动争议解决 ·· 58
　　第五节　关于实习与试用期 ······································· 59
第六章　社会责任与感恩 ··· 64
　　第一节　大学生社会责任感的培养 ······························· 65
　　第二节　感恩 ··· 67

第七章　职场技能 ... 70
第一节　商务讲话 ... 70
第二节　团队合作 ... 73
第三节　工作中的人际沟通 ... 75

第八章　企业伦理 ... 77
第一节　企业伦理概述 ... 78
第二节　企业伦理关系主体 ... 80

实践经验篇

第九章　职业道德 ... 85
第一节　道德与职业道德 ... 85
第二节　工匠精神 ... 87
第三节　大学生职业道德 ... 89

第十章　职场规则 ... 96
第一节　职场适应 ... 96
第二节　职场心态与职业成长 ... 99
第三节　新人初来乍到 ... 103
第四节　职场减压 ... 105

第十一章　择业与跳槽 ... 108
第一节　择业 ... 109
第二节　跳槽 ... 111

附录1　校领导寄语 ... 116
坚守初心　阳光前行 ... 116
向着明天　努力奔跑 ... 118
在社会大学中修好安身立命的"三门课" ... 119
带着"三心"扬帆前行 ... 121

附录2　就业创业明星 ... 123

附录3　学长学姐有话说 ... 141

参考文献 ... 144

就业准备篇

第一章

就业形势

习近平总书记在天津考察时勉励大学生转变就业择业观念：当代大学生要志存高远、脚踏实地，转变择业观念，坚持从实际出发，勇于到基层一线和艰苦地方去，把人生的路一步步走稳走实，善于在平凡岗位上创造不平凡的业绩。

 课堂导读

马云的故事

众所周知，马云是阿里巴巴集团、淘宝网、支付宝创始人，被称为"创业教父"。但他的学习工作经历并非一帆风顺，甚至可以说是相当曲折。第一次参加高考，由于数学成绩差而名落孙山，伤心失望之余，他开始四处打零工，踩着三轮车送货。他不甘心就此艰辛一生，于是重振旗鼓参加第二次高考，依然失败，直到复读两次，才考上杭州师范学院外语系。毕业后，他选择了做一名英语教师，当时每月工资不足100元。3年后，他开始创业，和朋友成立海博翻译社，结果第一个月盈利不到700元，而房租需要2 000元，遭到很多人的嘲笑。在合伙人动摇的情况下，马云坚信：只要做下去，一定有前途。他一个人到浙江义乌、广州进货，翻译社开始卖礼品、鲜花，以最原始的买卖来维持运转。2年时间，翻译社成了浙江最大的翻译社。后来，他发现互联网中隐藏着巨大的商机，于是毫不犹豫地从事互联网生意，创办了阿里巴巴、淘宝网等，一举成为享誉中外的名人。

马云的故事告诉我们，求职就业一要根据自身实际，选准方向，马上行动，不要做思想的巨人，行动的矮子；二要不畏艰难，能吃别人没有吃过的苦；三要坚定信心，持之以恒，向着自己的目标努力。只有这样，人生才会精彩无限，惊喜无限。

第一节　就业形势中的突出问题

就业难，难就业，这是当今大学毕业生面临的最突出问题，也是最让毕业生焦虑和黯然神伤的问题。因而，作为高职学生，了解和把握就业形势和特点，顺势而为，才有可能找到既符合社会发展需要又符合自身要求的工作岗位。下面，我们共同来了解高职毕业生就业形势和就业特点。

一、新形势下高职毕业生就业形势和就业特点

（一）高职毕业生就业率逐年提高，但高质量就业难度增大

近年来，高职毕业生就业形势持续向好，跟本科生相比，就业率差距逐渐减少，在某些

专业上的就业率甚至超过本科生。麦可思研究院《2018年中国大学生就业报告》（就业蓝皮书）显示，我国2017届大学生毕业半年后就业率为91.9%，而高职高专毕业生就业率为92.1%，首次超过本科毕业生。那么，这是不是说高职院校的毕业生从此就业形势一片大好，找工作可以高枕无忧呢？事实并非如此乐观。尽管高职学生的就业率数据如此"光鲜"，但这是以高职毕业生降低薪资待遇和工作条件为代价的。据调查，高职毕业生就业的平均工资仅为1 500元/月，而本科生的达到了2 000元/月以上，对口就业率也远不如本科生；而且，就业岗位多为一线服务岗位的"蓝领"和"灰领"，工作单位大多为私营企业和小企业，而本科生的岗位一般为"白领"。高职毕业生的就业质量不高，这也是就业难的一种变相表现。

（二）不同专业之间的就业差异明显

21世纪，产业结构正面临转型升级，市场对高技能人才的需求变化较大，但许多高职院校未能准确对接产业、对接市场来调整学校的专业设置，导致部分传统专业的毕业生很难找到适合自己的工作岗位，因而出现就业难；而新型专业人才紧缺，就业形势一片大好。目前，我国高职院校大体分为综合类院校、文科类院校和理工科类院校，专业包括法学类、历史学类、工科类、医学类、理科类和社会学类，甚至还有军事类高职院校。一般来说，工科类毕业生就业形势普遍比其他类专业好，特别是社会体育、市场营销、信息安全技术、软件技术、电气化铁道技术、电力系统自动化技术等专业就业形势很好，基本不愁工作，有的甚至还未毕业就已经被单位提前"预订"了。而有的偏文科类的专业如法律事务、语文教育等专业因学历层次低，本科、研究生等人才较多，竞争激烈，考不到相关从业资格证书而无法找到合适的工作。2018年大学毕业生专业就业率前19位的专业信息见表1-1。

表1-1　2018年大学毕业生专业就业率

就业率排名	专业名单
1	软件工程（计算机类）
2	能源与动力工程（能源动力类）
3	电气工程及其自动化（电气类）
4	物流管理（物流管理与工程类）
5	护理学（护理学类）
6	工程管理（管理科学与工程类）
7	数字媒体技术（计算机类）
8	电子商务（电子商务类）
9	交通运输（交通运输类）
10	机械电子工程（机械类）
11	财务管理（工商管理类）
12	市场营销（工商管理类）
13	通信工程（电子信息类）

续表

就业率排名	专业名单
14	给排水科学与工程（土木类）
15	物流工程（物流管理与工程类）
16	计算机科学与技术（计算机类）
17	信息安全（计算机类）
18	车辆工程（机械类）
19	汽车服务工程（机械类）

（三）不同地区之间高职生就业差异明显

从常理上说，一般发达地区对高层次人才的需求旺盛，而对高职毕业这种较低层次人才的需求较低，但调查发现，事实与理论明显不符。从2004年开始，我国东南沿海等经济发达地区高职毕业生就业率反而最高，中部地区次之，偏远落后的西部地区高职毕业生的就业率最低。这主要是由于东南沿海开放城市工厂较多，对技术技能型人才的需求较多，而且高职毕业生的工资期望值普遍低于本科生及以上人才，更能接受"粗笨重"等基层岗位工作。因而，从节约劳动力成本和人岗相适的角度考虑，这些企业更愿意聘请高职毕业生来他们单位工作。

（四）个体、私营企业成为高职毕业生就业的主要渠道

大学生就业形势日趋严峻，本科生和研究生因学历层次相对较高，大部分进入工作比较稳定的行政事业单位，或者进入待遇较好的国企工作，或者选择继续深造，进入私企和个体单位工作的人数很少。而高职学生因文化层次不高，行政事业单位一般要求具有本科以上学历，受学历限制，高职学生很难进入行政事业单位工作；国企对技术要求又相对较高，更倾向于招聘应用型大学毕业生。因此，个体和私营企业成为高职毕业生就业的主要渠道。据统计，2013年，全国66%的高职生进入私营或个体企业就业，15%进入国企工作，进入行政事业单位工作的高职生很少。从近年来就业形势来看，高职毕业生的主要就业方向为个体和私营单位，就业渠道相对狭窄。2015年应届毕业生期望单位性质与实际就业单位性质比例见图1-1。

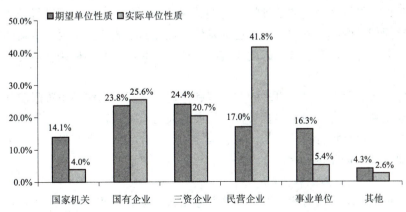

图1-1　2015年应届毕业生期望单位性质与实际单位性质

（五）自主创业将成为高职学生"就业新常态"

2014年，李克强总理在夏季达沃斯论坛上首次提出"大众创业、万众创新"的观点。之后，国家层面和各地相继出台了一系列关于大学生自主创业的优惠政策，鼓励大学生自主创业。各高校也积极响应，开设创新创业课程，培训大学生的创新创业意识，并开展丰富多彩的活动，提升学生创新创业能力，大学生尤其是高职学生创业热情空前高涨。高职毕业生的去向正在从"单一出口"（即受雇全职工作）向"多口径分流"（即受雇全职工作＋自主创业＋攻读本科学历）转变，近五年来，高职毕业生创业比例增长翻番。

（六）移动互联网是高职学生就业的重要途径

移动互联网是指互联网的技术、平台、商业模式和应用与移动通信技术结合并实践的活动的总称。据2015年3月工信部发布的通信业经济运行情况报告显示，我国移动电话用户规模接近13亿，其中使用手机上网并开展购物等实践活动的人数将近9亿，比例达69.23%。手机在上网工具中名列第一，移动互联网进入了全民时代。微博、微信、App等掌上信息"微模式"，有效利用了大量碎片时间，让服务和沟通更加便捷、高效，而且很多不需要成本，只要提供信息和服务就可能赚钱，为成本不足的毕业生提供了机会。移动互联网成为就业的新模式。

二、高职毕业生就业存在的主要问题

（一）自信心严重不足

目前，大多数高职学生认为自己学历偏低，学习成绩不够优秀，与本科生、研究生相比存在很大的差距，加之大学本科生就业难度也比较大，因此，对就业普遍存在恐慌、自卑的心理，看不到自身的优势。就业不够积极主动，面试时，自信心严重不足，导致过分紧张，不能勇敢地提出自己的想法。自信心不足，择业心态差，是高职学生就业存在的主要问题之一。

（二）职业选择设限太多

我们经常听到身边的高职学生这样说："我就要去一线城市工作，除了北上广深，其他地方都不去""我必须找专业对口的工作，否则，大学三年白上了""我一定要进行政事业单位和国有企业工作，私营企业不考虑"……很多高职学生在就业择业时事先给自己设定太多的限制条件，将目光锁定在某种特定的领域或区域，在这种情况下进行职业选择，可选择的机会和空间相对变小，成功的概率也会降低。理性的职业选择是要有清晰的规划和准确的自我定位，同时也要具有尝试的态度和挑战的精神，而不是非某种条件不可。

（三）职业选择不够成熟

高职学生进行职业选择时，更多的关注福利待遇、薪资、工作环境等眼前利益，对职业发展缺乏长远规划，没有从国家、社会整体发展的大局出发，较少考虑工作的价值、社会国家的需要等方面。没有将自身利益与国家、集体利益结合起来，没有将眼前发展与长远发展结合起来，缺乏社会责任感。

（四）对创业相关政策了解不够

相关调查情况显示，仅有39.76%的学生愿意自主创业，60.24%的学生不愿意自主创业。其中，因缺乏启动资金和稳定政策支持的占57.08%。这充分说明，高职毕业生对创业的相关优惠政策了解不多，因而不敢创业。

（五）高职学生综合素质有待进一步提升

当今社会需要的是一专多能的多面手，或者是技术精湛的高技能型人才，但很多高职学生没有明确的职业生涯规划，做一天和尚撞一天钟，得过且过；在校学习不够认真，专业知识不扎实，专业技术能力不过关，动手能力差；知识面不广，综合素质不高；思想不成熟；分析问题解决问题的能力不强，无法满足社会的需要。

（六）缺乏相应的面试技巧

很多高职学生对面试不够重视，面试准备不充分，缺乏应有的面试技巧。比如，面试前，没有认真地了解用人单位的相关情况，对面试岗位的核心素质要求不了解；面试时着装不得体，给人不够专业或随意的感觉；或社交礼仪、言谈举止不得体，从而导致面试失败。

三、树立正确的就业择业观

（一）树立量力而行的就业观，切忌好高骛远

就业，是一种双向选择，既是用人单位对求职者职业道德素质、职业技能等方面的选择，也是求职者本人对单位的工作条件、工资福利、发展前景的选择。所以，高职毕业生切不可一厢情愿地只想找工作环境好、待遇高、工作轻松的单位，而要结合自己的兴趣爱好，考虑个人能力是否与岗位匹配，能否胜任岗位工作，能否满足单位需要，只有双方相互认可，达成一致，才有可能实现就业。

（二）树立先生存再发展的观念，切不可追求一步到位

事业发展犹如孩童学步，需要一步一个脚印，慢慢练习，才能逐渐达到理想的境界。任何单位招聘新人，都会让他们从最基层做起，从最基本的岗位做起。只有历经磨炼，经受时间的考验，工作能力的考验，人品的考验，才能赢得领导和同事的信任，才有可能实现职务的晋升。因此，刚毕业工作时，大家应放低姿态、踏实肯干。

（三）树立到基层、到艰苦地方去的就业观念

当前，就业市场存在一个怪象：一方面，大学生就业难，许多大学生一毕业就失业；另一方面，有些用人单位特别是条件艰苦的一线、西部地区的单位出现用人荒，招不到人。导致这种怪象的原因有很多，其中一个非常重要的原因是部分大学生就业观念出现偏差，不愿意去一线、基层、广大农村和西部地区工作。所以，作为学历层次没有优势的高职学生，大家一定要树立到生产一线去，到广大农村去，到条件艰苦的西部去的观念。只有扎根农村，扎根一线，从基层做起，不断积累工作经验，提升工作技能，才能在艰苦奋斗中成长。

（四）树立不畏艰苦、勇于创业的观念

去单位求职找工作，是一种被动的就业行为，自主创业当老板，是一种主动的就业行为。当前，国家出台了许多大学生创业优惠政策，包括三年内扣减或免收相关税收、享受相关贷款优惠政策，等等，为大学生创业提供了良好的创业环境。对于具有一定创新意识、较强心理承受能力、综合素质较高、愿意挑战自我的高职毕业生来说，要勇于尝试创业，勇于实践，在创业中检测大学所学专业知识和专业技能，在创业中燃烧自己的青春，实现自己的人生理想。

1. 你所学专业的就业形势如何?
2. 你做好就业准备了吗?

第二节 就业选择技巧

就业选择关系到人生的发展方向,关系到事业的成败,甚至关系到一生的幸福。因而,作为高职学生,如何选择适合自己的就业方向、就业地点,这是一件非常重要的事情。

一、北上广深 VS 中小城市

(一)北上广深就业的优势与劣势分析

1. 北上广深就业的优势分析

(1)就业机会多。北上广深等一线城市投资者多,企业单位云集,需要较多的职业技术技能型人才,就业岗位多,为高职学生就业提供了较多的选择机会和较大的发展空间。在这里,他们更容易寻找到符合自己专业需求和兴趣爱好的职业,为他们挥洒自己的青春提供了更多的机会。

(2)福利待遇高。北上广深等一线大城市经济比较发达,工资水平普遍较高。一般来说,专业一致、能力相当的高职毕业生,在不同的城市、不同的单位工作,同样的岗位、同样的工作量福利待遇是不一样的,大城市工资一般普遍高于中小城市,大企业普遍优于小企业。

(3)个人进步快。一线城市拥有最先进的技术和最前沿的发展理念,企业管理思想先进、管理规范,潜移默化之中,有利于职场人士紧跟时代潮流,开阔视野,有利于其成长进步。

2. 北上广深就业的劣势分析

(1)竞争激烈。大城市虽然经济发达,确实存在更多的发展机会,可大多数毕业生选择去北上广深等一线城市就业,而一线城市所能接纳的新就业人口有限,竞争更加激烈。

(2)生活压力大。大城市生活成本高,尤其是居住成本极高,面临工作一辈子买不起房子的问题。

(二)中小城市就业的利弊分析

1. 中小城市就业的优势分析

(1)生活幸福指数可能更高。虽然中小城市的工资整体比大城市低,但在房价高得离谱的大城市生活,压力很大,而中小城市生活成本相对较低,生活节奏相对较慢,更能享受高质量的生活,幸福感可能更强。

(2)更有城市特色。现在,绝大多数大城市都开始趋同,到处都是高楼大厦,没有了城市独特的风采，而中小城市还依然保留着一定的自身特色。如去过北京的人可能会失望，因为"老北京的韵味"已经很难找到了。而二线城市或更小的城市可能保留了更多的城市韵味。比如新化的青石街依然有点古韵。

（3）优惠政策相对多。为吸引优秀人才来中小城市就业创业，国家和当地政府出台了一系列的优惠政策，鼓励大学生毕业后到中小城市工作。

（4）竞争压力相对小。因为绝大多数同学都认为"世界很大，我想去看看"，都认为年轻的时候必须去外面闯一下，否则会辜负大好青春，辜负人生。因而，毕业后选择留在中小城市的人比例相对少很多，就业竞争压力小得多。据调查，近年来，选择到中小城市就业的学生不足10%，而中小城市同样需要人才，所以，中小城市就业压力相对较小。

2. 中小城市就业劣势分析

（1）就业岗位相对少。通常情况下，与一线大城市相比，中小城市的行业不够齐全，企业数量少，就业岗位相对少，发展机会可能也会少一些。

（2）发展环境和发展前景可能差一些。环境通常包括硬环境和软环境。硬环境主要指影响人才成长的硬件条件，主要包括城市的基础设施建设、经济发展条件、自然环境、工作单位的硬件设备、办公环境等；软环境是指影响人才发展的软件环境，主要包括所在城市和单位的人才政策、机制体制、地方性法律法规以及地方的风气和习惯等。一般而言，大城市更加开明，竞争更加公平，思想理念更先进，发展前景更好，中小城相对落后，发展前景相对差一点。

（三）选择技巧

那么，作为高职毕业生，如何选择就业城市呢？

1. 看经济结构

每个城市都有自己的经济结构，一个城市的经济结构与它的自然资源、发展历史等方面息息相关，短时间内不会轻易改变。而城市的经济结构决定了各类人才在这个城市的发展机会。比如旅游业在杭州的经济结构中占据核心地位，所以，学旅游管理的人去杭州求职机会相对较多。

2. 看城市的开放程度

一个城市的文化是开放还是保守，直接影响着它对外来人员的接纳和认可，影响着求职者未来的发展前途。一个完全开放的城市对外来人员是完全认可的，只要有能力，就能得到与本地人员同等的发展机会。而一个保守的城市，对外来人员是抵制的，单位在使用人才时会有明显的地方保护主义，本地人的发展机会会更多一些。

3. 看自身的性格和能力

通常来说，一线大城市因发展环境好、发展机会多，竞争比较激烈，工作能力强、抗压能力强、有雄心壮志、喜欢挑战的毕业生比较适合去大城市工作；工作能力一般、心理素质较差、喜欢安逸的毕业生更适宜在中小城市发展。

总之，大城市和中小城市各有其优缺点，没有哪一种是更好的固定模式，只有合适的才是最好的。所以，毕业生要充分考虑城市的特点和自身各方面情况，选择更适合自己的城市。

二、就业还是创业？

【案例】

娄底职院优秀毕业生傅栋林：自主创业，闯出一片晴空

2010年8月，傅栋林选择自主创业，创办了娄底市星启电子科技有限公司，主营计算机硬件、软件开发、GPS系统销售等业务。他带领公司技术人员开展技术创新，几乎和娄底所有的汽贸公司都建立了合作关系，成为娄底本地相关行业销量领头企业。

2013年傅栋林创办湖南佰御达电子科技有限公司，成功注册"佰御"商标。

因看好湖南蓝眼科技发展有限公司（该公司主营GPS车辆定位系统、车载设备的研发、生产、销售及相关服务等，在湖南GPS车辆定位系统领域一直名列前茅）的平台，2014年傅栋林与其合作，成立湖南蓝眼科技发展有限公司娄底分公司。他带领公司成功入围娄底市交通局北斗卫星平台商，目前平台入网车辆有新化出租车、冷水江出租车、涟源宏辉客运、货运车辆等2 000多台。

2016年在朋友的推介下，傅栋林尝试跨界，入股娄底曾小厨餐饮早元店，成为娄底金牌餐饮店股东之一。

深耕于GPS车辆定位系统和北斗卫星的销售及服务领域数年后，傅栋林将眼光转向汽车销售领域，他非常看好新锐汽车，于是再次跨域。2017年傅栋林带领团队一举拿下凯翼汽车娄底经营权，创办娄底市翼栋汽车销售服务有限公司。凯翼汽车注重互联网思维，倡导"年轻、创新、本真"理念，致力于打造年轻人喜爱的智能互联汽车，产品覆盖轿车、SUV、MPV、CROSS等多类别领域。

傅栋林一直看好民生行业。结合自己的专业所学，他从网络系统技术入手，以GPS定位系统逐步切入汽车销售服务领域，在汽车服务行业发展方兴未艾之时布局落点，然后以汽车服务带入餐饮行业，最终实现了业务的体系化、网格化，打造了他的立体多元民生服务公司。

辉煌业绩的背后其实也有许多不为人知的辛酸。傅栋林告诉记者，一开始创业时很不顺利，娄底市星启电子科技有限公司经营了大半年，一直没有盈利，还借了3万元外债，他当时很灰心，几乎就要放弃。放弃还是坚持？回想自己走过的路，傅栋林暗暗问自己：是不是要重走以前的打工之路？回想老师和母亲的谆谆教导，傅栋林暗自发誓：一定要成功！一定要创业成功！"创业的路上从来都不缺成功者，坚持就是胜利！"就是凭着这种信念，傅栋林重新规划事业，在节省开支的同时梳理发展思路，加重对市场的基本投入，一番努力过后终于成功实现盈利，并创造了行业销售奇迹。"人的潜力可以无穷大，如果你硬逼自己一把，也许就成功了。"

目前，傅栋林同时运营着四家公司，年营业额过千万，实现了自己最初的梦想——财富自由且做着自己感兴趣的事业。

（资料来源：娄底职业技术学院新闻网）

（一）正确看待就业与创业

不要盲目地认为创业很"高大上"，而求职太"low"，仿佛只要自己当老板就可以高人一等，人生就一定非常精彩，而求职就只是"打工仔"，是"奴才"，永远低人一等，得不

到尊重，丧失了人身自由。

其实，创业和求职没有本质上的不同，没有高低贵贱之分，只是不同的选择，不同的生活方式而已。

(二) 就业与创业比较分析

(1) 求职和创业最大的区别在于能否承受较大压力。创业的压力比就业大得多，因为创业者从产品的研发到生产到销售，方方面面都要考虑，都要决策，一步不慎，满盘皆输。每天都有运营成本，不营利就要亏本，就可能无法生存，需要承受很大的心理压力。而求职人员只要管好自己的一亩三分地，只要认真工作，就能稳赚不赔，工作单纯得多，也安稳得多，压力自然也小得多。

(2) 求职和创业对个人能力的要求不同。求职强调的是专业对口和岗位匹配。一个求职者的能力不一定要面面俱到，但一定要在某一方面很专业。只要有一技之长，能够脱颖而出，就可以在人力资源市场上立于不败之地。而创业则需要有较强的综合素质，尤其对管理能力要求较高，只要能驾驭全局，制定和完善管理机制体制、营造较好的企业文化招揽人才，并做到人尽其才，哪怕身无所长也一定能成为一个优秀的创业者。相反，如果不会管人用人，只有一身技术，结果也只能失败。

(3) 求职和创业在自主性方面要求不同。俗话说：端着老板的碗，服老板管。求职就业者一般只要根据岗位职责，根据单位的制度和要求工作，强调的是落实力、执行力，对创新性要求不太高，没有太多的自由发挥空间，很多事情你都只能按领导的意思去办。而创业就需要发挥自己最大的主观能动性、创造性。因为初创企业是"一张白纸"，时刻都处于成功和失败的边缘，因此就要求创业者要时刻创新，绝不能单纯照搬照抄大公司的运营方式和工作流程，一定要根据市场变化和客户需要，随时调整自己的创业方向和策略，在保证生存的前提下谋求发展。

(三) 抉择技巧

1. 明确自己的性格特点和人生追求

如果你是一个"螺丝钉"式的人才，没有较强的心理承受能力、顽强的毅力和勇于冒险的精神，更希望获得一份稳定的工作，过着安稳的生活，那么你比较适合找一份工作。如果你是一个综合素质高，具有创新精神的人，不甘于成为商业系统里的一个零件，你可以考虑成为一个创业者。

2. 把握是否具备创业条件

与求职相比，创业风险较大，一般需要以下条件。

(1) 有较为完整的企业发展计划。创业首先需要有好的创业项目，只有好的项目才有可能成功。其次，需要对项目进行充分调研和论证，要对项目的发展前途、资金数量、人员安排等有比较科学合理的预计，能充分考虑到项目发展的困难，并有较详细的解决方案。只有立足现实，对项目进行充分考虑，才有可能创业成功。

(2) 有详细的资金计划。在企业发展过程中，资金是最基本也是最重要的条件，资金是否有保障会直接关系到创业的成败。因此，创业之初，必须要做好3个月甚至1年不获利的准备。因为，创业之初往往由于经验不足而缺少客户，没有客户很容易导致项目受阻，而项目一旦受阻可能会出现坐吃山空的情况，此时如果没有较为充足的经费保障，项目难以为继，就会出现创业失败的结局。所以，创业者不仅要有详细的资金使用计划，而且要具备必要的财务知识，能根据企业发展情况及时调整资金使用计划。

（3）既要有实干精神，又要具备较强的领导能力。创业不仅仅需要有较强的创新精神，而且需要有脚踏实地的实干精神。大学生有知识、有文化、头脑活、点子多，但在创业初期，资金有限，人手少，有时甚至只有一个人，无论什么事情都需要亲力亲为。这样，既可以节约成本，又可以从摸爬滚打中积累成功经验，为成功创业打下良好的基础。当企业立了足，并有了资金后，就应该组建一个团队，带领团队开疆拓土，壮大自己的事业。因此，创业既要能吃苦耐劳，务实肯干，又要有团队领导能力。

三、本专业就业 OR 跨专业就业

（一）本专业就业与跨专业就业的含义

本专业就业是指毕业生从事与所学专业直接相关的工作；跨专业就业，就是指毕业生所从事的工作、职业与他们所学的专业没有什么直接的关联。

（二）正确认识本专业与跨专业就业

【案例】

师范生"转型"销产品

小牧是华南师范大学物理与电信工程学院物理学2014届的本科毕业生，教育世家的家庭背景使她从小就树立了成为一名人民教师的理想。根据小牧所读专业的就业方向，大学毕业后理应从事物理师范方面的工作，但从近期了解的就业情况看来，她发现，要做个物理教师并不容易。"有的学校，进去当教师还得花钱找托才能'搞掂'；有的学校却不招女生，标明'男生优先'……"愈是临近毕业，小牧愈清楚认识到梦想与现实之间有巨大落差。这时，小牧把眼光投向了非师范类的就业岗位。

在找工作期间，小牧了解到一家本地空调集团的国际公司招聘懂英语的技术工程师。小牧向企业投了简历，凭借自己扎实的物理专业知识以及大学英语六级证书、不错的雅思成绩，她成功进入企业。在入职后的短短两年中，小牧出色的工作表现受到上司赏识，还被派到美国、德国、新加坡等地公干；此外，原角色仅是技术工程师的她，现在还身兼公司市场部要职，负责集团的部门产品推销项目。

（资料来源：《羊城晚报》）

1. 企业的组织机构设置为跨专业就业提供了机会

从企业的架构上来看，一家合格的企业，基本上有三个大的模块构成：营销模块、生产或服务模块和执行模块。营销模块主要包括市场拓展和产品销售；生产或服务模块主要包括产品研发、生产、客户的跟踪追踪以及售后服务等；执行模块，主要包括人力资源、财务、行政等岗位。

在这些岗位中，对专业要求比较高的岗位主要集中在产品研发、生产及财务等岗位；其他岗位如销售、行政、人力资源、客服等对专业的要求并不高，只要综合素质高，善于学习，什么专业都可以胜任。调查显示，目前在所有的职位当中，真正需要专业对口的职位大概只占到不足37.5%，也就是说，超过62.5%的职位，对专业准入不设门槛。这为大学生跨专业就业提供了条件。

2. 跨专业就业是大势所趋

在大学生就业形势日益严峻的今天，跨专业就业已成为一种势不可挡的社会趋势。据《2018年高校应届毕业生就业报告》，54.9%的2018年高校应届毕业生表示就业岗位与所学专业毫无关系，表示就业岗位与所学专业略有关联的人群比例为31.3%，就业岗位与所学专业完全对口的人群比例为13.8%。跨专业就业已成为大势所趋。

所以，根据目前的就业形势，大学生就业求职时，能找到对口的专业固然很好，但不必过于强求，因为如果你坚持要求专业对口，你就会丧失50%以上的就业机会。特别是如果你内心不热爱你的专业，但又不愿意找别的专业的工作，认为不找专业对口的工作就白白浪费了大学的努力，这就更不可取。因为在不喜欢的领域工作，会让你一生不快乐，也会直接影响你的发展前途，因为兴趣是最好的老师。

作为新时代的大学生，我们应分析自身的优势和长处，寻找兴趣爱好、个人特长与相关职业的契合度，真正了解自己并拓展自己的学习领域，做到博览群书，增加就业的广度，以此寻找到最适合自己施展才华的舞台。

实际上，许多大学生从事的都是专业不完全对口的工作甚至是完全不对口的工作，大部分都做到了干一行，爱一行，精一行，在非专业领域找到了自己的一席之地。对于专业要求不是很严的岗位，用人单位一般更注重求职者良好的工作态度、广博的知识、乐观开朗的性格和较高的综合素质。

当前，跨专业就业有时很受用人单位的青睐，比如学工程或者学经济的人去从事法律方面的工作，虽然法律专业知识有欠缺，但如果刻苦努力，熟记相关法律条文，他们在知识产权、商务案件等方面完全可以超出法律专业的学生，因为他们有经济学方面的知识。所以，跨专业就业是完全行得通的。

（三）跨专业就业需注意的问题

1. 不要跨专业找一些专业性极强的行业

虽然就业市场上并不以专业知识背景为唯一的衡量指标，但是，专业性很强的工作还是需要专业对口的人才来做，跨专业只能找一些不需要较强专业知识的通用型岗位来做。临时起意要去一些专业性极强的行业，比如学中文的不要跨专业去当医生。

2. 跨专业就业要想方设法体现能力优势

企业招聘员工的最终目的，就是找到符合岗位要求的员工，把相关岗位工作做好。那么，跨专业的你，如何在专业对口的人才中脱颖而出，这就需要用精致的简历的策划和良好的面试表现来让人力资源经理对你刮目相看，给人力资源经理留下"你能胜任这个岗位"的印象。

那么，跨专业求职者如何给HR留下你能胜任这个岗位的印象呢？我认为，相应岗位的实习经历很重要。仅凭一份写得天花乱坠的简历和一张口若悬河的嘴是无法让人相信你的实力的，但如果你的实习经历丰富且表现很好的话，人力资源经理应该是可以推断你的能力的。所以，如果你有跨专业求职的想法，请在实习方面多下功夫，平时多参加社团活动，寒暑假、周末多参加社会实践活动，以此丰富你的实习经历，用出色的实践经验弥补你专业不足的劣势。

3. 跨专业就业要想方设法表达你积极向上的工作态度

假如能力、背景一样，如果你想获得就业机会，就必须拿出你最真诚的态度，因为态度是未来的能力。正因为你是跨专业就业,没有专业知识,就得付出比专业对口的人更多的努力。所以,你要尽一切可能表达出你希望获得这个工作的态度,如果你足够真诚,岗位对专业的要求也并不高,那么,态度就可能会改变求职结果。而表达诚恳的态度,精心制作简历是一个很好的表现手段。

就像面试官会经常问这个问题:为什么你学的是那个,却来面试这个岗位。你可以大方地告诉他:这是我真正喜欢做的事情,并且我会努力,我能把它做好。

四、大小公司选择之道

(一)大公司就业的利弊分析

1. 大公司就业的优点

(1)大公司培养良好的职业意识。

大公司管理机制体制完善,对员工管理严格规范,企业文化氛围浓厚。大学生毕业后进入大公司工作,接受严格、科学、规范的管理,有利于培养爱岗敬业的意识,严谨务实的工作作风,提升职业素养,对未来的成长颇有好处。

(2)大公司培养团队意识。

大公司分工更加精细,每个人犹如产品链条上的一个螺丝钉,在工作中发挥着自己的独特作用,如果少了其中一个,工作可能就会陷入困境,所以,大公司更需要各司其职,通力合作。而且,大公司大项目多,完成任务的难度大,再有能力的人可能都无法单独完成一项高难度的工作,需要齐心协力,博采众长,所以,大公司更注重团队精神的培养。

(3)大公司能开阔视野。

大企业能提升个人的视野。大公司管理理念先进,技术先进,人员素质高,业务活动往往是综合性的,业务上的往来会十分频繁和多元化。因而,在大公司工作,会接触到形形色色的人才,了解到各行各业的工作,有利于开阔眼界,提升能力。

2. 大公司就业的缺点

(1)专业面窄。

大公司分工精细,如果你不去换岗位,一般只能在一个工种上专研学习,所学专业技能非常有限。

(2)无法纵览全局。

大公司员工的作用就像一套设备中的一个小螺丝钉,他只清楚自己岗位上的工作职责,对其他方面的工作了解较少,无法独立完成一个较大的项目,对全局的把握能力不强。

(3)竞争激烈。

大企业工资高,高层次人才多,能力出众的人也多,即使你非常勤奋刻苦,工作能力强,也很难脱颖而出。所以,在人才济济的大公司竞争非常激烈,要想一下子出人头地很难,一般得"熬"上几年才有可能晋升。

(二)小公司就业的利弊分析

1. 小公司就业的优点

(1)训练你成为多面手。

小公司的规模通常比较小,所以人数不多,制度不太完善,岗位职责划分也不太明确,对专业的要求不高,领导一般希望员工成为"万金油",哪里需要往哪里涂。在这种情况下，员工通常身兼数职，得到多方面的锻炼机会，能力提升比较快，发展空间比较广阔。

（2）每个人都是主角。

小公司资金短缺，一般会想方设法精简人员，绝不会养闲人，每个人都承担着繁重的工作，都要能做到独当一面，发挥最大的作用。所以，每个人都是公司的主角。如果你具备多方面的才能，能证明你的价值，公司会想方设法培养你，留住你，给你较好的晋升渠道，这在大公司是很难实现的。

（3）人际关系简单。

小公司人员关系简单，注重实际结果，不会像大公司一样产生"人浮于事"，机构臃肿，导致人际关系复杂。工资也不一定比大公司低。

2. 小公司就业的缺点

（1）无法开阔眼界。

小公司的设备相对落后，工作理念没有大公司先进，无法学到最先进的技术和理念。

（2）待遇相对较差。

小公司一般资金相对短缺，员工待遇、福利往往没有大公司好。

（3）工作相对辛苦。

小公司人手较少，老板恨不得员工一个顶俩，甚至成为职场"万金油"，哪里需要去哪里，因此，在小公司工作可能更辛苦。

（三）大小公司选择之道

1. 大公司喜欢专精，小公司喜欢全能

大公司部门多，人员多，分工精细，管理严格。每位员工负责一小块工作，只要把自己的责任田管好，做到精益求精，就能得到领导的认可。而小公司正好相反，人手少，一个人需要负责很多工作，所以更倾向于全能型人才。

2. 独挑大梁 VS 后备人才

大公司一般规模比较大，业务成熟，需要比较稳定的管理队伍。为避免人才流失导致公司利益受损，企业一般会培养一定数量的后备管理干部。这些储备干部如果很长时间得不到提拔，处境会比较尴尬。而小公司工作环境相对比较差，待遇不高，人手少，有能力的人不愿意来小公司工作。这就意味着，这里的职工有更多的锻炼和晋升机会，有能力的员工往往能够挑大梁，成为领导的左膀右臂，甚至成为公司的核心人员。

3. 稳步成长 VS 野蛮生长

一般情况下，大公司更喜欢性格稳重、踏实肯干的员工，因为大公司有较为深厚的企业文化，能提供较全面的职能技能培训，能帮助员工慢慢成长。而小公司更适合有创新能力、有金点子的人。他们新奇的思想会给企业带来新鲜的血液，带来发展的良好机遇；即使出现差错，小企业的项目一般不大，损失也不会很大，小企业可能会给你快速试错的机会。所以，对于没有明显特长的人来说，毕业后去小公司锻炼几年，也是一个不错的机会。

（四）大小公司选择技巧

1. 明确自己的职业追求

（1）学习的机会 or 展现的舞台？

刚毕业时，大家不要过于在意工资福利，也不一定要找一个很大的平台，因为暂时没有多少经验和能力，不管在大公司还是小企业，都无法一下子出类拔萃。我们需要一段时间去

积累职场经验，只有不断沉淀自己，做到厚积薄发，才能在职场上慢慢立稳脚跟。所以，最初求职时，我们要尽量寻求学习的机会，不断提升自己，只有具备够强的能力，才能有广阔的发展空间。

（2）私人定制技能 or 行业通用技能？

所谓私人定制技能是指，这项技能只适用于某一家公司，离开这家公司就会失去竞争力，甚至别的公司根本不需要这项技能。典型的案例就是塞班系统程序员，当诺基亚倒闭后，这项技能就没有多大价值。而行业通用技能就是指这项技术不管在哪个单位都适用，都是能产生价值的。如果你掌握的是私人定制技能，那你离开这家公司就得一切从零开始，以往的经验将会一笔勾销；而行业通用技能则相反，你在这里积累的经验，无论放到哪里都同样有用，你的职场经验将会给你加分。这样的能力，就是你的核心竞争力。

（3）让公司为你打工 or 你为公司打工？

选择就业单位，首先要考虑到这个单位对你的成长有什么作用，是能给你提供良好的学习机会还是能增加你的人脉，离开这家公司，你会有什么收获？一般来说，大公司往往能给你带来较为先进的管理经验、优秀的人脉、较好的行业资源。但在小公司你会有更多的锻炼机会，会涉足更多的工作领域，更有助于你全面发展，晋升机会也会大大增加。

所以，不管是人脉、平台、经验，你做过的事、吃过的苦、见过的人，都将成为你人生的宝贵财富，成就你的事业和人生。

2. 选择适合自己的

如何选择最合适自己的道路，每个人都要根据自己的实际情况来考虑。

（1）比挑选平台更重要的是进入核心部门。

我们常常听到人力资源经理跟你说，这个部门是单位的核心部门，你进去好好干，将来前途无量。但实际上，事实并非如此，一般刚进去工作很难进入核心部门，而且岗位也是最苦最累的岗位，因为好的岗位一般早被先进去的人占领了。

下面这张企业价值链模型图（见图1-2），告诉你如何分辨企业核心部门。

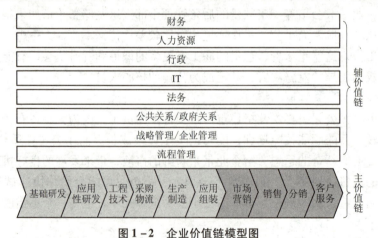

图1-2 企业价值链模型图

主价值链上的职业可以直接为公司创造价值，比如市场营销、客户服务等，都介入了具体的产品或服务，能为公司直接带来利润，是最不可或缺的核心部门。

而辅价值链上的职业则间接为公司创造价值，为主价值链服务，比如行政、财务、法务等部门,不直接介入公司的产品或服务,是为公司整体服务的辅助部门。

用途1:选择职能

假如你现在要找工作,对于将来要从事什么职业,完全没有概念,却又想筛选出核心岗位,那么就可以用这个工具来初步框定一下大方向。

用途2:选择行业

图1-2中的各类职能的重要性,在各个行业是不同的。比如说,在电商行业成功的关键因素是营销,那么市场营销职能就是公司的关键。而在工具型产品(比如今日头条),关键因素是推荐算法和产品,那么这两个职能就是公司的关键。如果你所选择的职能,在行业内是关键职能,那你获得的发展资源和发展机会将大有不同。

(2)跟对老板比跟对平台更重要。

最值得一提的是,无论什么时候,能遇到跟你人生观、世界观、价值观一致,且愿意指导你,帮助你成长进步的领导,比任何大公司甚至高工资都重要。因为优秀的领导能支持你的思想、观点,肯定你的成绩,不仅会让你心情愉快,而且会让你对工作充满信心,最大限度地激发你的潜能,更有助于你达到成功的彼岸。

一、国家最新大学生就业政策

1. 鼓励高校毕业生到基层和艰苦地区工作。各级政府要为高校毕业生创造工作条件,主要充实城市社区和农村乡镇基层单位,从事教育、卫生、公安、农技、扶贫和其他社会公益事业。在艰苦地区工作2年或2年以上者,报考研究生的,应优先予以推荐、录取;报考党政机关和应聘国有企事业单位的,同等条件下,应优先录用。

2. 党政机关录用公务员和国有企事业单位新增专业技术人员和管理人员,应主要面向高校毕业生,公开招考或招聘,择优录用。

3. 鼓励各类企事业单位特别是中小企业和民营企事业单位聘用高校毕业生,政府有关部门要为其提供便利条件和相应服务。对企业跨地区聘用的高校毕业生,省会及省会以下城市要认真落实有关政策,取消落户限制。

4. 鼓励高校毕业生自主创业和灵活就业。凡高校毕业生从事个体经营的,除国家限制的行业外,自工商部门批准其经营之日起1年内免交登记类和管理类的各项行政事业性收费。有条件的地区由地方政府确定,在现有渠道中为高校毕业生提供创业小额贷款和担保。

5. 为高校毕业生办理户口和人事档案手续提供便利。对毕业离校时未落实工作单位的高校毕业生,本人要求户口和人事档案保留在学校的,按规定保留两年。在此期间,档案管理机构对保管其档案免收服务费用;本人要求将户口转回入学前户籍所在地的,公安机关应当按照户籍管理规定为其办理落户手续,人事、教育部门所属人才交流服务机构负责办理相关手续,人事部门所属人才交流服务机构免费提供人事代理服务。本人落实工作单位后,公安机关按有关规定办理户口迁移手续。

6. 毕业半年以上未能就业并要求就业的高校毕业生,可持学校证明到入学前户籍所在城市或县劳动保障部门办理失业登记。劳动保障部门所属的公共职业介绍机构和街道劳动保障机构应免费为其提供就业服务。对已进行失业登记的高校毕业生,有条件的城市、社区可组织其参加临时性的社会工作、社会公益活动,或到用人单位见习,给予一定报酬。对于因患病等原因短期无法工作并确无生活来源者,由民政部门参照当地城市低保标准,给予临时救助。此项费用由地方财政列支。

7. 鼓励中小企业和民营企事业单位聘用高等职业学校（大专）毕业生,对就业困难的应届高职（大专）毕业生,由劳动保障、人事和教育部门共同实施"高职（大专）毕业生职业资格培训工程",对需要培训的应届高职（大专）毕业生进行职业技能培训和职业技能鉴定。培训费由教育系统承担,职业技能鉴定费由劳动保障部门适当减免。

二、国家鼓励大学生创业的扶持政策

1. 税收优惠。持人社部门核发"就业创业证"（注明"毕业年度内自主创业税收政策"）的高校毕业生在毕业年度内（指毕业所在自然年,即1月1日至12月31日）创办个体工商户、个人独资企业的,3年内按每户每年8 000元为限额依次扣减其当年实际应缴纳的营业税、城市维护建设税、教育费附加和个人所得税。对高校毕业生创办的小型微利企业,按国家规定享受相关税收支持政策。

2. 创业担保贷款和贴息。对符合条件的大学生自主创业的,可在创业地按规定申请创业担保贷款,贷款额度为10万元。鼓励金融机构参照贷款基础利率,结合风险分担情况,合理确定贷款利率水平,对个人发放的创业担保贷款,在贷款基础利率基础上上浮3个百分点以内的,由财政给予贴息。

3. 免收有关行政事业性收费。毕业2年以内的普通高校学生从事个体经营（除国家限制的行业外）的,自其在工商部门首次注册登记之日起3年内,免收管理类、登记类和证照类等有关行政事业性收费。

4. 享受培训补贴。对大学生创办的小微企业新招用毕业年度高校毕业生,签订1年以上劳动合同并交纳社会保险费的,给予1年社会保险补贴。对大学生在毕业学年（即从毕业前一年7月1日起的12个月）内参加创业培训的,根据其获得创业培训合格证书或就业、创业情况,按规定给予培训补贴。

5. 免费创业服务。有创业意愿的大学生,可免费获得公共就业和人才服务机构提供的创业指导服务,包括政策咨询、信息服务、项目开发、风险评估、开业指导、融资服务、跟踪扶持等"一条龙"创业服务。

6. 取消高校毕业生落户限制。高校毕业生可在创业地办理落户手续（直辖市按有关规定执行）。

7. 创新人才培养。创业大学生可享受各地各高校实施的系列"卓越计划"、科教结合协同育人行动计划等,同时享受跨学科专业开设的交叉课程、创新创业教育实验班等,以及探索建立的跨院系、跨学科、跨专业交叉培养创新创业人才的新机制。

8. 开设创新创业教育课程。自主创业大学生可享受各高校挖掘和充实的各类专业课程和创新创业教育资源,以及面向全体学生开发开设的研究方法、学科前沿、创业基础、就业创业指导等方面的必修课和选修课;同时享受各地区、各高校推出的资源共享的慕课、视频公开课等在线开放课程,和在线开放课程学习认证和学分认定制度。

9. 强化创新创业实践。自主创业大学生可共享学校面向全体学生开放的大学科技园、创业园、创业孵化基地、教育部工程研究中心、各类实验室、教学仪器设备等科技创新资源和实验教学平台。参加全国大学生创新创业大赛、全国高职院校技能大赛，和各类科技创新、创意设计、创业计划等专题竞赛，以及高校学生成立的创新创业协会、创业俱乐部等社团，提升创新创业实践能力。

10. 改革教学制度。自主创业大学生可享受各高校建立的自主创业大学生创新创业学分累计与转换制度；还可享受学生开展创新实验、发表论文、获得专利和自主创业等情况折算为学分，将学生参与课题研究、项目实验等活动认定为课堂学习的新探索。同时享受为有意愿有潜质的学生制定的创新创业能力培养计划，以及创新创业档案和成绩单等系列客观记录并量化评价学生开展创新创业活动情况的教学实践活动。优先支持参与创业的学生转入相关专业学习。

11. 完善学籍管理规定。有自主创业意愿的大学生，可享受高校实施的弹性学制，放宽学生修业年限，允许调整学业进程、保留学籍休学创新创业。

12. 大学生创业指导服务。自主创业大学生可享受各地各高校对自主创业学生实行的持续帮扶、全程指导、一站式服务，以及地方、高校两级信息服务平台，为学生实时提供的国家政策、市场动向等信息，和创业项目对接、知识产权交易等服务。可享受各地在充分发挥各类创业孵化基地作用的基础上，因地制宜建设的大学生创业孵化基地，和相关培训、指导服务等扶持政策。

 经典诵读

1. 素质是立身之基，技能是立业之本。广大劳动群众要勤于学习，学文化、学科学、学技能、学各方面知识，不断提高综合素质，练就过硬本领。要立足岗位学，向师傅学，向同事学，向书本学，向实践学。三百六十行，行行出状元。

梦想属于每一个人，广大劳动群众要敢想敢干、敢于追梦。说到底，实现中华民族伟大复兴的中国梦，要靠各行各业人们的辛勤劳动。现在，党和国家事业空间很大，只要有志气有闯劲，普通劳动者也可以在宽广舞台上展示自己的人生价值。

——节选自 2016 年 4 月 26 日，习近平《在知识分子、劳动模范、青年代表座谈会上的讲话》

2. 谋先事则昌，事先谋则亡。——《说苑·谈丛》

【释义】谋划好了再去行动，事业就能繁荣昌盛；行动之后再去谋划，事业就会失败。

【解读】一个人如果事前总是周密地思考，精心地策划，巧妙地安排，然后才付诸实施，成功的可能性就会增加。姜太公最早将此智慧运用于政治中，历史证明可以获得极大的成功。

3. 成大功者不小苛。——《说苑·政理》

【释义】成就伟大功绩的人不在小事上过多地苛求。

【解读】此句主要是谈整体和布局，主流和支流，大业和小事之间辩证关系。总体来说，一个人应以整体、主流、大业为重，不应在局部、枝节、小事上过多地苛求，应该放眼于大局。

第二章

心理调适

天地万物都有其职责，也就是其存在的价值。正如：蜜蜂之于采蜜，小猫之于捕鼠除害，蜘蛛之于结网捕虫。人类作为万物之灵长，职业生涯是人生命的体现。而择业是职业生涯发展的起点，大学生要走向成功，就应了解择业心理的发展过程，全面分析择业过程中的心理问题，学会自我调适，选择最适合自己的职业。

课堂导读

2007年，临近毕业离校，中原工学院的多名学生决定在离开校园之前来一次有意义的行为艺术。他们相约来到二七广场。他们身着黑色学士服，头戴学士帽，再配以鬼怪面具，造型夸张，动作张扬。随后，他们拿起清洁工具开始"清扫大街"，最后大家将脸上的面具抛向了天空。

他们身穿学士服头戴面具打扫大街并辅以各种动作，表达出大学生毕业走上社会后复杂而又无奈的情绪，同时也是向基层劳动者表达自己的敬意。而丢掉面具说明他们要靠自己的劳动来养活自己，远远好过撑着毫无意义的"面子"生活。在当下就业压力巨大，高学历确实是好工作的"敲门砖"，但我们不能把它变成就业的"拦路虎"。应抛掉"面子"，树立"先就业，再择业"的观念。从基层做起，从小事做起，锻炼能力，提升素质，不断丰富和充实自己的"里子"，为实现真正的人生价值铺就道路。

第一节 大学生择业心理概述

应届毕业生初次面对择业中的各种问题时经常会归因为"没有教""没有学"，陷入求职困境。要想成功地走出困境，需要我们坦然面对挫折、正确定位自己、适时调整自己的行为、养成良好的心理素质和健康的心态。因此，加强大学生择业心理健康教育意义重大。主要从以下几个方面入手。

一、增强大学生自主择业意识，提高心理承受能力

进行大学生择业心理健康教育时，主要积极引导大学生更新"自主择业、自主创业"的观念。通过各种途径和渠道，增强大学生的择业自主性和主动性，强化其创业意识、挑战意识和竞争意识。主要从自我评价、就业观念、创业教育、心态等方面进行引导。

（一）自我评价

当今社会竞争越来越激烈，要想获得成功，除了必备的专业技能、职业道德、法律法规外，还应有充分的职业心理准备。所以，择业中应积极引导大学生进行正确的自我评价，充分认识到自己的能力与不足，敢于通过竞争去实现职业目标。

（二）就业观念

择业中会经常遇到各种矛盾和问题，很多学生不愿自己处理这些问题，把希望寄托在亲人、朋友身上。因此，我们在进行择业心理健康教育的时候要引导其在心理上向"等、靠、要"的传统择业观念告别。

（三）创业教育

毕业前夕，学校要经常性地坚持开展多种形式的自主创业教育，使学生树立正确的职业思想和择业观念。开发其创造性思维，提高综合素质和实践能力，积极参与社会竞争，培养他们走"艰苦创业、科技创业、自主创业"之路。

（四）心态教育

大学生择业心理健康教育中心态引导主要是帮助学生以乐观、积极的心态去面对就业，克服择业心理障碍，有效提高其心理承受能力。

二、帮助学生进行择业心理调适，调整择业价值观

在机遇与挑战并存的时代，大学生们的创业热情高涨、渴望成功，在奋斗过程中他们逐渐认识到想要取得成功，就必须选择适合自己的目标和道路。他们的成才设计、择业价值观是多视角、多方位的，其主体性、务实性、多样性十分突出。加强大学生择业心理健康教育，有利于帮助他们进行择业心理调适，使学生认识到要针对自己的实际情况，建立正确的、科学合理的择业价值观。

在现实中，毕业生单一的国家分配模式已成过去，"铁饭碗"意识被逐渐打破，取而代之的是"双向选择"，是市场竞争和优胜劣汰。因此，对大学生来说，先选择一个相对合适的职业，在从业中不断积累工作经验，提升工作能力，再凭自己的能力和努力创建自己的事业，即"先就业、后择业、再创业"的择业发展思路应该是明智之举。

三、树立择业自信心，正确定位自己

正所谓"知人者智，自知者明"，求职中不可或缺的前提条件是我们能正确审视自己的情况，分析自己的优势及不足。有了准确的自我认知，才能树立合理的自信心，才能客观地对待自己，才能在就业、创业中扬长避短，制定合理、切实可行的奋斗目标，告别"盲目奋斗，盲从奋斗"。

（一）描绘蓝图

择业中可以在心里对自己希望达成的目标绘制成蓝图，并在心中不断进行强化，使它不会因为时间的流逝而消减模糊。

（二）"抛掉"失败

择业中不要一开始就幻想失败，成功不可能一蹴而就。在努力付出时切莫设想失败，也不要怀疑自己构造的蓝图是否能够实现，因为这种设想和怀疑是为自己寻找退路，最终会成为心理障碍。

(三) 学会坚持

当下是信息爆炸的时代，我们能够从很多的渠道获取自己所需要的东西，同时我们也容易受到他人的影响。成功经验可以学习但不能复制，每个人的成功之路只有自己才能走出来。所以，我们不能过于在乎他人的评论，过于受他人的影响，也不能盲目效仿他人。

让大学生能够正确地认识自己，对自己的能力有一个全面而深入的认识，给自己一个恰如其分的定位，制定一个有利于未来成功的职业规划，这就是择业心理健康教育的意义所在。

课堂思考

请结合实际谈谈对大学生进行择业心理健康教育的意义。

第二节　大学生择业中主要的心理问题

大学生正处于青春期到成年期过渡的特殊阶段，是"边缘人"或"准成人"的阶段，心理上处于渴望独立又害怕独立的"半断乳期"；很多思维、观念以及生活习惯都开始发生急速、剧烈地变化，相较于其他群体，其看待问题容易片面化，情绪波动更大，是心理健康问题的高发、高危群体。

近年来大学生就业问题日益突出，就业难度不断增大，学生在择业中出现了各种不同情况的心理问题。

一、自卑心理

自卑心理主要见于自我意识发展不健全的人群，当代大学生群体中也十分常见，特别是部分性格内向或生理残疾的学生尤为高发。

这类心理的同学总认为自己专业知识和技能不行，不敢向用人单位大胆推荐自己，经常对未来、前途产生悲观情绪，对自身能力产生怀疑，不敢主动表现自己，不敢参与就业竞争，陷入屡战屡败、不战也败的恶性循环。

长期的自卑感会使人悲观失望、忧郁孤僻、不思进取，阻碍自身聪明才智的正常发挥，严重影响正常的就业与择业。

二、自负心理

受传统就业观的影响，很多毕业生认为自己受过高等教育，应是"白领""金领"，在择业时应享受优待。

这种心理表现在择业上，往往是眼高手低，好高骛远。刚毕业的大学生一般都需要从基层做起，而自负心理的学生在工作中经常会带着负面情绪，对用人单位挑三拣四，对从事的工作挑肥拣瘦，总是认为自己受了委屈，吃了亏，甚至出现"吃着碗里的，看着锅里的""脚踏几条船"的现象。这不仅影响到自己的工作状态，还会与用人单位产生嫌隙，严重的甚至会影响到用人单位对大学生就业的整体评价，影响整个就业。

三、从众心理

"随大流"应该是当前社会比较普遍的现象，很多人都有哪里人多就选哪里、少数服从多数的想法。在我们毕业择业时很多人不会从自身专业水平、家庭情况等客观条件出发，而是喜欢跟大部队走，忽略了个体之间存在的差异，盲目从众、随波逐流地选择不适合自身发展的职业，最终一事无成又回到原点。

四、胆怯心理

很多同学在面试后会找老师诉苦，说在面试中一见到考官大脑就会一片空白，心跳会加快，经常出现语无伦次、答非所问的现象，甚至无法记住面试官所问的问题。还有的过于谨小慎微，总希望表现完美，所以就更加害怕出现失误，该说的不敢说，该做的也做不好。

这些都说明了我们渴望得到机遇，但机遇来到时却手足无措，无所适从。其实在初次参加面试时心理紧张是正常现象，因为大家都想找一份满意的工作，越在乎越害怕失败，越害怕就会越紧张，加上面试经验不足，很容易出现这种状况。

五、犹豫心理

毕业可以说是人生的十字路口，向左还是向右以后的人生必定是截然不同的风景。有人认为公务员、事业编制待遇稳定，风险也小，但收入不高；而自己创业虽然不稳定、风险较大、又太辛苦，但是高风险与高回报并存。遇到如此抉择，心智不坚定、对自身认识不够全面的同学，很容易陷入举棋不定、痛苦纠结的泥潭。在犹豫徘徊于工作的性质、前景、地理位置、收入福利之时，最终很多同学失去机遇。

六、依赖心理

现阶段的大学生很大部分已经是"00后"、独生子女，从小不愁吃穿，要什么有什么，在父母长辈的呵护下长大。且他们很少独立面对问题，缺乏分析问题、解决问题的能力，缺少主动择业、就业的决断能力及独立意识。选择职业时缺乏勇气与自信心，犹豫不决，见异思迁。很多同学甚至不敢也不想自己去找工作，一切等待家人的安排，把希望寄托在"关系"上，在决策时都是听从他人的意见，很少自己分析判断，表现出严重的依赖思想。

七、盲目攀比

攀比心理具有两面性，较为普遍。正面的攀比可以让我们找到奋斗目标和动力，产生积极的影响；而负面的攀比一般产生消极影响，当求职不顺无法符合自身定位之时，会产生较大的落差及挫折感，可能还会伴随各种违背学校甚至社会行为规范的不良行为，比如：逃课、吸烟、酗酒、不良交往等。

在我们就业、择业的过程中，所出现的各类心理问题远远不止上述几种，深入探究其根本，其实就是就业主体的需求没有得到满足而产生的挫折感。为什么出现此类问题，这与学生的个体素质、家庭教育及社会风气等都有着明显的关联，如需解决就必须从根源上去消解，这个过程任重而道远，需要大家的共同努力。

课堂思考

结合自己的实际情况谈谈目前的心理状况。

第三节 大学生择业心理问题的成因及调适

大学生正处于人生心理矛盾的突出时期，随着社会环境的变化和市场竞争的日益激烈，在择业中便出现了各类心理问题。为使广大学生在择业中健康稳步地发展，我们应准确分析各心理问题的成因，并提出合理有效的解决方案。

一、大学生择业心理问题的成因

（一）缺乏正确的认知，不能正确评估自己

自信源于自知，它是勇往直前的动力，是进退自如的洒脱，是表现自我的勇气，是永不放弃竞争的希望，是我们不会陷入自视过高心理误区的有力保障。

而择业中有些同学不自知、不自信，在机会面前畏畏缩缩、勇气不足，在选择面前"人云亦云"、毫无主见；有些同学过分自信、自视过高，择业时眼高手低，挑三拣四，认为自己怀才不遇，抱负不展，因而无心上进，惶惶度日。所以，无法对自身有足够全面的认知，不能正确地评估自己，已经成为阻碍大学生就业、择业的重要原因之一。

（二）缺乏果断性

部分意志力不够坚定的同学面对自己喜欢的工作总是犹豫，缺乏主见，凡事喜欢听取他人的意见，很容易陷入抉择的困局，缺乏冒险精神和承受能力。

（三）错误的职业价值观

1. 偏好"大平台"

部分同学认为自己才华过人，只有一流的平台才能施展其才能，只有一流的平台其个人价值才能得到充分的实现，在择业时总是定位大公司、大集团。

2. 急于求成

求职中很多同学总是想着走捷径，幻想成长的道路是平坦笔直的，想着一开始就能得到领导的认可，不愿付出。

3. 缺乏心理准备

很多同学都认为是公司的平台太小无法支撑起自己编织的美好梦想，但又缺乏艰苦创业的心理准备。每天宁可碌碌无为，也不愿意锤炼自己的能力、完善自己。

正所谓"不积跬步，无以至千里；不积小流，无以成江海。"对于每一个人来说，灵感总是来源于日积月累的练习和思考，真正的才华只会来自实践，而不是自身的"气质"。个人的价值源自勤奋与锤炼，平台只能够给予你实现价值的机会。所以我们应该准确地判断自己，树立正确的职业价值观。

（四）缺乏独立的个性品质

从生活到思想上的不独立，应该是当代大学生独有的特征。其从小生活在"蜜罐"中，依赖思想严重，很多同学直接把就业的希望寄托于家长、亲人、学校等渠道上，从不主动出击。

二、大学生择业心理问题的调适

在选择与被选择的就业环境中，大学生择业心理问题的调适可以从以下几个方面入手：

（一）结合自我，正确进行职业分析

常言道："知人为聪，知己为明；知人不易，知己更难。"只有对自己的性格、能力、技能等方面有一个较为全面的了解，才能够对自己适合什么样的工作、做什么工作有个准确的认识，才能准确定位、选准目标岗位。

我们进行职业分析时，应结合自身特性、区域特性、行业特性综合分析，切记片面、主观，以点代面。准确的职业分析，有利于我们了解自己的职业发展计划和设想，有利于我们不断创造实现职业目标的环境和条件。

（二）树立正确的择业观

马克思曾写道："在选择职业时，我们应该遵循的主要指针是人类的幸福和我们自身的完美。"我们的人生价值不在于一份可以让我们去炫耀的职业，而应该有更高的层次，应该是追求全人类的幸福和自我的完善。

所以我们在择业时要有奉献精神，要有崇高的个人境界，选择最能为全人类造福的职业。

（三）把握自己，优化心理状态

1. 克服自卑和自负的心理

（1）确定合理的理想及需求。

理想作为人的高级需求，是奋斗的指向标。在求职路上，我们应学会将理想目标分解成阶段性目标。因为阶段性目标比终极目标较容易实现，当每个阶段性目标达成时能增强我们的自信心，使我们能以积极乐观的心态去迎接下一轮的挑战。相反，如果理想目标没有分解又定得过高，一旦遇到挫折极易产生负面情绪，阻碍整个目标的实现。

（2）积极培养社会适应能力。

社会生活相比较于学校生活，竞争压力更为巨大，人际关系更为复杂，工作氛围更为紧张，遇到的挑战也更多。在此过程中如果处理不当，不去主动适应，那么极易造成情绪低落，对未来迷茫，最终影响到工作、心态，甚至是身体。

择业中我们必须要正视这些问题，敢于以积极向上的心态去面对困难和挫折，在不断地进取中发现自己的优势，发扬自己的长处，以正确的心态去接受无法改变的现实，不自卑、不自欺、不消沉，乐观积极地对待每一天。

（3）学会调节情绪。

良好的情绪调控能力与人的性格有密切的关系，有些人沉稳冷静，遇事不慌张，能够理性处理各类事务；有些人性格急躁，遇事容易冲动，说话做事不考虑后果；有人性格开朗，遇事能够自我消解；有些则较为孤僻，不爱与人交流，性格忧郁。

处于成长期的大学生为了将来更好地适应社会，应主动调控自己的情绪，遇事时多方

位、多角度地认真思考。

（4）增强幽默感。

幽默是调节自身需求的一种非常有效的方式，能够让人在紧张的环境中表现出自信和冷静。越是困难的环境，其作用就越明显。求职中幽默感可以有效地化解尴尬的局面，让紧张的环境变得轻松愉快，能够让人的负面情绪得到调整缓解，有利于身心健康。

2. 克服矛盾的心理

优柔寡断、畏首畏尾的矛盾心理往往会使学生在就业、择业的过程中存在自信心不足或是自视过高，通常出现迷茫感、浮躁感。

因此，从学校到社会这一人生重大转折面前，我们必须要做到知己知彼，尽早有心理准备。在机遇面前权衡利弊，结合自身条件果断地做出抉择，有效地克服矛盾心理。

3. 解除盲目从众的心理

盲目从众的求职者都会遇到"热门难进，冷门更冷"的怪圈，这种一窝蜂的求职方式，不仅工作难找，还会造成社会资源的巨大浪费。陷入这种心理的同学，需要更加平和、冷静地思考问题。同时加强独立意识和判断力的培养，避免盲目从众等问题的出现。

4. 告别胆怯心理

告别胆怯，最先应该放下得失心，看淡应聘的成败，给自己加油打气，做一些积极的心理暗示。然后要大胆尝试，在择业过程中不拘泥于本专业的岗位，相关专业甚至是自己有兴趣或者一技之长的岗位也可以主动出击。同时在面试过程中，也要主动大方地把自己的想法表达出来，自信心也是用人单位考量的重要内容。

课后延伸

李某是一所普通大学常规专业的在校生，他长相平凡，成绩中等，没什么特长，家里也没什么特别的门路，总之一切都是一般般；在临近毕业、择业过程中，他显得十分慌张。于是，他早出晚归，混迹于各个人才市场，出没于各种招聘网站，看看是否有他心仪的工作。虽然他总觉得自己是在做无用功，但是什么都不做就会觉得心里不安，所以还是每天出去看看。当同学签下中意的工作，他就更加不安和害怕。李某说："待遇什么的都不计较，不管什么单位，只要解决当地户口，我都可以接受。"按李某的说法，毕业前必须要签下工作，不然自己丢人，自己的家人也跟着失了面子。

潘某来自农村，性格开朗，也乐于交际，人缘很好，但是学习成绩糟糕，基本是年级垫底；所以在求职方面基本没有能拿得出手的专业能力或技能。在参加了多次招聘会碰壁后，又开始让家里托关系，看能不能找到合适的岗位。而且自此他开始了日复一日的观望，总是认为还有很多比我优秀得多的同学都还没有签到工作，我有什么好慌张的，"心急吃不到热豆腐""车到山前必有路"，说不定哪天就有单位发现自己是一个可造之才呢？

宋某是以优异成绩考入大学的，同时自身综合素质不错，在校期间也参加各种活动，取得了不俗的成绩，这些都让她在求职之时表现得非常自信。她甚至认为以自身的优秀条件，任何单位录用她都应该是最优选择。然而，这种自信并没有为她的求职之路带来多少益处，相反，很多用人单位在她的高姿态之下纷纷撤退。对此，宋某非常不理解也难以接受，她感到了无助与失落,但是骄傲的她并不愿意向现实妥协。她说如果今年没有合适的工作,她会选择考研继续深造或参加公务员考试。她认为不是她心气高,看不上的工作太多,只是希望能够在一个自己喜欢的、能够发挥她全部能力的岗位中,而不是归于平凡。

分析:以上三位同学的就业心态如何?如何正确地调整这些心态?在就业竞争日益激烈的今天,谈谈如何认识大学生的就业优势与不足,并结合自身实际谈谈自己的看法。

经典诵读

1. "知人者智,自知者明" ——老子《道德经》

【释义】能了解和认识别人叫作智慧,能认识和了解自己才算聪明。

【解读】如果一个人能够看清楚他人的优缺点,那么他就是一个智慧的人。而能省视自己,才算是聪明人。

2. "宝剑锋从磨砺出,梅花香自苦寒来" ——《警世贤文·勤奋》

【释义】宝剑的锐利刀锋是从不断的磨砺中得到的,梅花飘香来自它度过了寒冷的冬季。

【解读】一个人要想在事业上有所建树,必须准备迎接各种困难的挑战,不断在实践中丰富自己的阅历,提高自己的能力,才能达到自己向往的目标。不经过磨炼甚至失败,只想一帆风顺的成功那是不可能的,即使是一时成功,也不会长久。

第三章

求职材料

人力资源市场供需关系调节下的双向选择就业过程中，求职材料是双方进行信息沟通的桥梁。用人单位通过求职材料判断和评价求职者的素质及工作能力，求职者通过求职材料展现自我。因此，有说服力和吸引力的求职材料是求职者赢得竞争的一个重要环节，也是使用人单位快速了解自己的有效途径。

 课堂导读

李某入职世界 500 强后在班会上的经验分享

"临近毕业时，周围很多同学都在抱怨好工作实在难找，差一点的却觉得难以施展才华。说实话，我并不认为自己的能力比我的同学高很多，但是我却凭借自己的'避重就轻的厚脸皮'简历，得到了这个机会。我认为其实很多企业并不喜欢书卷气太重的学生，所以我结合自身性格特点、专业性质，找准自己的定位。在递交简历与HR简短的交流中，要有'无知无畏'的冲劲。工作经验不足也好，'厚脸皮'也好，都要对问题'自信'地回答。而在简历中，要有非常明确、有针对性的求职意向，不要咄咄逼人，要简明扼要。

作为一个刚刚毕业的学生，我在各个方面都没有什么突出的竞争力，但我将我之前在校甚至更早时期的实习工作经历深入介绍分析，将自己甚至是与同学交流中学习借鉴到的一些职场经验，都有针对性地提取出来作为简历的核心内容，做重点介绍。这样可以让人一眼就知道你在这方面就是很专业的，就是实力派，并以此吸引用人单位的注意。这份简历让我在数百名应聘者中脱颖而出，成为进入面试的数人之一，也为我应聘成功奠定了基础。"

第一节　写求职材料前的准备工作

求职与招聘对应的是求职者与招聘方互相了解、互相匹配的过程。对于求职者来说，写求职材料的目的就是要在有限的空间、时间中将自己与招聘方职位需求最相关的个人特质展示给招聘方，吸引招聘方的关注，从而获得笔试、面试的机会。所以，求职者在写求职信、投递简历前应先做到知己知彼，方能在求职过程中百战不殆。

一、正确的自我评估

应届毕业生初入社会，工作经验不足，深入了解自身情况后，合理地制订职业规划非常重要。但是如要真正地了解自己则是一个漫长，可能会伴随一生的过程。所以在求职之始，

我们可以按照以下模型（见图1-3）来剖析一下自己。

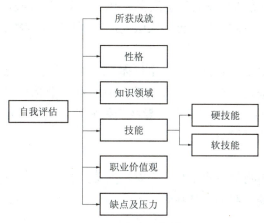

图1-3 自我评估模型

（一）所获成就

这需要求职者仔细回忆过去的相关经历，将所获的成就或积极的经历尽可能地写下来，针对所应聘的岗位，按重要程度逐一列出，制作一张表格。同时在叙述的时候，应该突出其中的亮点，重点分析在经历中所学到的经验、技能以及感悟。这样不仅可以在HR阅读简历时能够被你的工作亮点所吸引，也有助于你在面试时能够更加详细地、自信地、更有逻辑性地表达。

（二）性格

个人与所在岗位的契合度关系到你在工作中能否得到快乐和成就感，这就需要准确、全面地了解自身的性格与个性。所以说，性格是你能否找到一份合适的工作的关键前提。曾有记者采访金融巨鳄摩根："你达到成功的前提是什么？"摩根毫不犹豫地说："是我的性格。"记者再问："那么资本重要还是资金重要？"摩根说："资本比较于资金更为重要，但性格更为重要。"

人在工作中总感到倦怠、无力、被动，当自身性格与职业不能很好地适应时，就会相互限制，阻碍工作的顺利开展。所以，个人事业的成与败，性格起到了非常关键的作用。

（三）知识领域

对于刚刚毕业的大学生来说，如果能够将自己最为擅长的知识全面、完整地展现给用人单位，对于自己在用人单位的发展是非常有用的。在写简历的时候，我们应该结合岗位需要，结合受教育的经历、培训及个人成就等对自己的知识领域进行一个系统的梳理。这些知识可以来源于多方面，包括课堂上老师传授的、平时自己自学的和实践中获得的。概括总结自己的知识面可以让我们对自己的知识领域有一个准确的判断，可以对自己的知识领域能否适应岗位所需有一个准确的定位。

（四）技能

对于用人单位来说，雇佣你的原因是你能够为单位带来经济效益，而创造效益的正是你的专业技能。在写简历时，我们在写自己的教育背景、实践经历、个人成绩等方面的时候，切记要将个人的专业技能作为亮点突出，最好是能够与岗位的技能需要一一对应，这样才能有的放矢，找准突破口，让HR能够准确发现你与岗位的契合度。

在当下的职场，技能不单单是指通过在校教育或者实践中得到的知识、经验等"硬技能"，组织、沟通、合作等"软技能"也深受重视。可以说，硬技能代表着人的智力，而软技能则代表着人的情商，软硬相济才能最大限度地提升我们求职的成功率。

（五）职业价值观

在职场中的价值观其实就是自身的人生目标、态度在职业选择上的具体表现，关系到个人对所在岗位的认同与态度，以及职业追求和向往。在职业选择时我们应该认真思考"什么对我们来说是最重要的?"。这不仅能指导我们做好职业规划，还有助于回答面试官关于个人职业发展方面的各种问题。

（六）缺点及压力

人无完人，每个人都有缺点和不足，面对各类挑战都会有紧迫感。准确分析自身的缺点和不足从长远来说可以指引我们弥补缺陷、完善自我，调节学习和生活中的压力，以便更好地选择合适的岗位。

二、了解企业需求

"知己知彼，百战不殆。"在前面的自我评估中我们已经清楚地认识到了自己的情况，那么接下来我们就应该去分析目标雇主、目标岗位的选才标准。最直接的方式是从企业发布的招聘公告中来了解，但是一般的招聘公告都比较简短，只对企业和职务要求进行简单的描述。如果想更进一步地加深对目标企业的认识，我们可以结合企业的发展概况、企业文化、企业近年来相关招聘情况来进行全面分析。具体可以从公司网站、招聘网站或者就业网站、搜索引擎、企业招聘宣讲会和招聘会、自身人际关系网来了解。

三、确定职务匹配度

经过自我评估、了解企业及招聘需求后我们就可以很清晰地将想要应聘职位的要求与自身条件进行匹配。对符合自身条件又感兴趣的岗位我们在写求职材料时突出重点，抓住闪光点，用针对性的求职材料去吸引 HR 的注意以增加面试概率。

课堂思考

同学们在选择岗位时考虑的主要因素有哪些?

第二节　求职信

一、求职信的结构

（一）标题

一般只有文种名称，即在第一行中间写上"求职信"三个字。

（二）称谓

称谓是对收信人的称呼，写在第一行，要顶格写收信者单位名称或个人姓名。单位名称后可加"负责同志"；个人姓名后可加"先生""女士""同志"等。在称谓后写冒号。但求职信不同于私人书信，收信人一般都未曾见过面，所以称谓需要恰当，同时需要郑重。

（三）正文

正文要另起一行，空两格开始写求职信的内容。正文内容较多，要分段写。

1. 写求职的原因

首先需要介绍求职者基本身份信息，如：姓名、性别、年龄、籍贯等，尽可能间接、准确地让收信人得到求职者的相关信息以及写信的目的。如："我叫xxx，现年xx岁，男，毕业于xxx学院xxx专业。从广告中得到贵公司招聘信息，不胜欢喜，并深感本人专业与能力与贵公司十分相符。现冒昧毛遂自荐，希望贵公司能够给予一次机会，让我有幸成为公司一员。"等等，这段文字是信的开端，也是求职的开始，自我介绍应该尽可能切入重点，态度明朗，能够对收信人产生吸引力，让其有兴趣往下读。

2. 客观地认识自我

求职者要对自己谋求的岗位有一个准确而客观的判断——自己是否能够胜任这个岗位，这个岗位是否能够带动自己发展。在求职信中应该重点介绍自己各方面条件，并分析自身条件是否契合所求岗位，突出自身的优势以及与岗位的契合点，使收信方能够直截了当地发现你的条件能够完美地契合这个岗位。比如说：专业方面，我熟练掌握的技能正好是这个岗位所必需的；我所获得的职业证书是这个岗位所需要的；我发表的论文的研究内容正好是这个岗位未来发展的方向等。这些都是让收信方信服的筹码。同时对公司文化、管理制度以及办公环境的认同也是重要的敲门砖之一。

总之，在这部分的内容中，言语需要中肯、恰到好处，态度谦虚诚恳，不卑不亢，让收信人能够见信如见人，给其留下深刻印象，让其相信你是这个岗位的不二人选。

3. 提出希望和要求

向收信者提出希望和要求，如："希望您能为我安排一个与您见面的机会"或"盼望您的答复"或"敬候佳音"之类的语言。这段属于信的内容的收尾阶段，要适可而止，不要啰唆，不要苛求对方。

（四）结尾

另起一行，空两格，写表示敬祝的话。如："此致"之类的词，然后换行顶格写"敬礼"，或祝"工作顺利""事业发达"相应词语。这两行均不加标点符号，也不必过多寒暄，以免画蛇添足。

（五）署名和日期

写信人的姓名和成文日期写在信的右下方。姓名写在上面，成文日期写在姓名下面。姓名前面不必加任何谦称的限定语，以免有阿谀之感，或让对方轻看你的能力。成文日期要年、月、日俱全。

（六）附件

将你具有说服力的证书、论文或者其他凭证作为附件附于信后，这是求职信不可忽视的内容之一。附件不宜过多，但必须足以证明你的才华和能力。

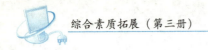

二、求职信的写作技巧

求职信的本质就是求职者针对自己所期望获得岗位具有目的性地做出自我介绍,以此表达自己的求职愿望,其中主要表达求职者想去岗位以及自己竞争岗位的优势和能力这两层意思。而求职信也是用人单位对求职者产生初步印象的重要窗口,求职者的个人信息首先就是通过求职信来得以展现的。因此,好的求职信无论在文体、文笔还是内在方面都必须给阅读者留下深刻的印象。而写出一篇好的求职信,必然要掌握一定的撰写技巧。

(一)技巧一:开门见山,有的放矢

在网上,我们经常可以看到一些范文,非常有文采,但是套话太多,无法直截了当地表达出自己的意图,其实这是求职信最为忌讳的。首先,求职信是求职者针对自己所期望的工作岗位而写的,其内容同样需要尽可能直接地表明自己的意图,用最简练的语言去吸引对方的注意力,尽可能地展现出自己可以胜任该岗位的能力。用人单位的考量同样不在于文采,而是在于求职信中表达出来的你能否胜任岗位的信息,过于繁复的内容反倒会干扰用人单位对你能力的判断。所以,求职信力求开门见山,有的放矢,切忌空话、套话。

(二)技巧二:简明扼要,言辞贴切

很多用人单位阅读求职信的时间估计不足2分钟,在如此短的时间内,不可能阅读很多内容。所以求职信内容不在于多少个字,而是在于内容中有多少与应聘岗位、与你能力有关的内容。这就要求我们在撰写求职信时,能够短小精悍,内容集中,针对性强;同时,也要求文字通顺,言简意赅,贴近实际;冗长而又没有实质性内容的求职信,只可能适得其反。

(三)技巧三:富有个性,标新立异

一篇立意新颖、思维独特的求职信,可以像一则制作精良、不入俗套的广告,表达出求职者自己特有的教育、能力、愿望以及内在的个性、自信等。而这些本是求职信中千篇一律的内容,通过求职者独特而又多元化的语言组织,却能够让用人单位留下更为深刻的印象,同时也会给予求职者更高的成功概率。

(四)技巧四:以情动人,以诚感人

求职信要有感情色彩,语言精彩纷呈,有助于交流思想、传递信息、感动对方。同时,以诚相待、言辞坦诚、以诚取信,只有诚于中才能形于外。要做到以诚感人就要言而有信,优点要突出,缺点不隐瞒,恭敬而不奉承,自信而不自大。

(五)技巧五:书写干净工整

俗话说:"字如其人,文如其人",一笔好字在当前电子文件盛行的时代更为可贵。而一篇干净整洁、字迹工整的文章会更加让人印象深刻,以此做一篇漂亮精彩的求职信,向用人单位全面地展现你的风采,必定会事半功倍,打开你求职的成功之门。

三、求职信范例

范文一

尊敬的领导:

您好!

感谢您在百忙之中批阅我的简历。我是天津职业大学社区管理系的一名学生,即将毕业。三年来,在师友的严格教益及个人的努力下,我具备了扎实的专业基础知识,系统地掌

握了人力资源六大模块等有关理论；熟悉涉外工作常用礼仪；具备较好的英语听说读写译等能力；能熟练操作计算机办公软件。同时，我利用课余时间广泛涉猎了大量书籍，不但充实了自己，也培养了自己多方面的技能。此外，我还积极地参加各种社会活动，抓住每一个机会，锻炼自己。大学三年，我深深地感受到，与优秀学生共事，使我在竞争中获益；向实际困难挑战，让我在挫折中成长。我热爱贵单位所从事的事业，殷切地期望能够在您的领导下，为这一光荣的事业添砖加瓦；并且在实践中不断学习进步。

收笔之际，郑重地提一个小小的要求：无论您是否选择我，尊敬的领导，希望您能够接受我诚恳的谢意！

祝愿贵单位事业蒸蒸日上！

此致

敬礼！

求职人：xxx
xxxx 年 xx 月 xx 日

范文二

尊敬的领导：

您好！

首先，非常感谢您在百忙中抽空审阅我的求职信，给予我毛遂自荐的机会。我叫 xxx，毕业于 xx 大学 xx 专业。普通的院校，普通的我却拥有一颗不甘于平凡的心。我，自信乐观，敢于迎接一切挑战。虽然只是一名普通的本科毕业生，但是，年轻是我的本钱，拼搏是我的天性，努力是我的责任，我坚信，成功定会成为必然。经过大学四年的锤炼，在面对未来事业的选择时，我对自己有了更清醒的认识。由于我在大学中锻炼了较好的学习能力，加上"努力做到最好"的天性使然，四年中，我在班级的考试中均名列前茅，与学校三等奖学金有着不解之缘。在大学四年中，我也练就了较好的实验操作技能，能够独立操作各种仪器。但我并没有满足，因为我知道，大学是学习与积累的过程，为了更好地适应日后的工作，还需要不断地充实自己，我参加了大学英语四级考试，并顺利通过。听闻贵校招聘本专业的教师，我冒昧地投出自己的求职信，四年的寒窗苦读给了我扎实的理论知识、实验操作技能及表达能力。我虽然只是一个普通的本科毕业生，但大学四年教会了我什么叫"学无止境"，我相信，在我不断努力刻苦的学习中，我一定能够胜任这份高尚的职业，通过我的言传身教，定会为祖国培养环保方面的专业人才。我一直坚信"天道酬勤"，我的人生信条是"人生在勤，不索何获"。给我一次机会，我会尽职尽责。一个人唯有把所擅长的投入社会中才能使自我价值得以实现。别人不愿做的，我会义不容辞地做好；别人能做到的，我会尽最大努力做得更好！我愿发挥自身优势，与贵单位同事携手共进，共创辉煌！

诚祝事业蒸蒸日上

此致

敬礼！

求职人：xxx
xxxx 年 xx 月 xx 日

课堂思考

求职信中最主要的信息包括哪些？

第三节 个人简历

简历是求职者向用人单位发放的一份对自身情况进行简要介绍的书面材料，主要是对自己的相关经历、经验、业绩、能力、性格、技能通过一种规范化、逻辑化的方式进行自我介绍。可以说一份具有个性，设计新颖，能给用人单位留下深刻印象的简历就是一块求职成功的"敲门砖"。

一、简历包含的基本内容

简历作为应聘双方书面交流的重要渠道，是求职者向用人单位表明自己所拥有的满足应聘岗位工作要求的能力、工作态度、资质以及自信心。一份成功的简历其实就是一个自我营销的工具，它向用人单位证明自己可以解决他们需要解决的问题或满足其特定要求，以此来确保自己能够得到工作的机会。一份好的简历需要哪些内容呢？

（一）个人基本信息

在简历的基本信息中应该涵盖姓名、性别、出生年月、民族、籍贯、政治面貌、学历学位、毕业院校、工作/实践经历以及兴趣爱好等内容。

（二）学历信息

主要包括求职者在大学阶段所学的专业，主修、辅修以及选修的课程，并列出成绩单，重点标出与所应聘岗位密切相关的科目课程以及相关培训课程。建议在书写时分清主次，分门别类，重要的详细写，次要的就一笔带过。让阅读者能够从自己最想看的、最需要看的开始，从而以最容易、最直接的方式获得最重要的信息，以此判断你所知所学的专业技能是否符合用人单位的招聘条件和要求。

（三）获奖信息

技能认定证书，从业资格证书，各类个人、集体荣誉证书，个人特长证书等都是社会对你的认可。这是非常重要的人生经历，同时也是你应聘工作的重要筹码。比如在校期间获得的外语、计算机水平的等级证书以及在校期间的三好学生、优秀团员、优秀学生干部、各级颁发的奖学金以及参加各种技能大赛的获奖情况等。

这部分内容大多应附上证书、奖状的复印件，以表明材料真实可信。

（四）工作实践信息

个人的实习、工作实践经历，在当前社会环境下，用人单位是非常重视的，大学毕业生的工作能力以及与应聘岗位的契合度直接关系到企业的效益。

所以，在简历中，求职者应尽可能列出自己在校内、校外的工作经历。

二、简历制作注意事项

（一）真实为首，取舍得当

简历是毕业生学校生活较为全面的反映和总结，所以在内容上务必要真实可靠。通过简历首先能够反映出求职者诚实守信的基本素质，同时也是用人单位掌握毕业生在校情况的第一手资料，能为毕业生求职成功甚至未来发展打下良好的基础。故在制作简历时，广大毕业生应尽可能避免以下现象：

1. 刻意漏填

很多毕业生因为害怕自己的出身、籍贯或者是民族等信息，会让用人单位产生歧视或偏见而对自己的求职过程产生消极影响，因此故意漏填相关内容，这样做只可能让简历变为无效简历，从而导致求职失败。

2. 虚构经历

用人单位在选择人才时都较为重视毕业生在校内、校外的实践经历，一般情况下实践经历丰富的毕业生更容易受到用人单位的青睐。因此，部分毕业生为了在求职竞争中能够更具优势而夸大、虚构社会实践经历和获奖情况。比如：有过几天担任班干部的经历，就说自己曾经是学生会干部；在外实习了几天，就说自己的工作经历和经验有多么丰富；有的干脆照搬抄袭其他优秀学生的信息。

这样的做法往往适得其反，缺乏经验的真实信息可能只会让我们求职不成功，但虚假信息不仅影响到求职的结果，还会使个人诚信大打折扣，给自己将来的生活和工作造成非常恶劣的影响。

（二）言简意赅，设计美观

当前社会就业压力巨大，一个工作岗位可能有上百人甚至上千人参加竞争。一场招聘会下来用人单位经常会收到几百份简历，HR在阅读简历时停留的时间平均在一分钟左右，用人单位越好，停留的时间就越短。所以我们制作的简历要足够的亮眼，能够快速地吸引到用人单位的注意。然后求职材料的内容应言简意赅，用最简练的文字语言组织出所需要的内容，让用人单位能够在阅读中与求职者有更进一步的接触。在注重文字内容的同时，我们还必须注重简历的形式，设计应该美观、得体，能够吸引人的眼球。做到这些，才是最优的简历样式。

（三）认真细致、杜绝错误

简历应该是两个素不相识的人相互交流的桥梁，求职者通过简历向用人单位展现自我，也是用人单位对其第一印象的来源。都说人如其表，在这种应聘模式下，简历就是这个"表"，在制作个人简历时，我们应该认真、谨慎，避免发生一切错误。

在语法上，语句上，语气态度上，甚至于一个小小的标点符号，我们都应该杜绝发生错误。不要以为错误小而不去计较，因为一个很小的错误，都会让用人单位认为这个求职者是做事马虎、没有责任心的人，从而怀疑你的办事水平和工作态度是否能够胜任这份工作，从而造成非常消极的影响。

三、简历的主要格式

（一）时序型

目前来说时序性的简历格式是大多数求职者较广泛的选择，因为其能够较为准确地展示求职者持续向上的成长过程。这种类型的简历通过突出求职者的实践经历，以渐进的顺序罗列求职者曾经参与的实践活动，从最近的经历开始，逐渐回溯。在每一个实践活动下，求职者要说明自己在此项活动中所承担的责任、所应用的技能以及所取得的成就，这是最为关键的。这种类型的简历，也将用人单位最为关注的信息进行了逐一的展现。

（二）功能型

功能型简历在一开始就强调求职者能力、技能、自信、资历等，不将工作经历等作为重点进行阐述，以此来突出求职者个人能力、资质等。这类简历让用人单位关注的焦点全部放在你能否胜任上，而不是你之前有没有其他工作经历。但此类简历有部分的用人单位不喜欢，因为求职者忽略工作经历会让用人单位认为你频繁跳槽或是十分缺乏相关工作经验。

（三）综合型

综合型简历能够简明扼要地体现出求职者的市场价值，而不是仅仅罗列出你的各项工作经历。这种简历格式能够更好地迎合用人单位的招聘准则和用人需求，而求职者则可以有目的性地推销自己，用人单位也可以通过对照求职者实践经历的准确信息来判断是否符合自己的招聘要求。此类格式是比较受用人单位欢迎的，它优化了时序型格式的功能性，也避免了使用功能型格式可能招致的怀疑。

除上述三类之外，还有履历型和图谱型等多种类型，毕业生可以根据不同的需要自由选择。

结合自己的实际情况制作一份简历。

1. "以信接人，天下信之；不以信接人，妻子疑之。"——晋代杨泉《物理论》

【释义】妻子：指妻子和儿女。诚心诚意地对待别人，全天下的人都会信任你；不诚心诚意地对待别人，就算是自己的妻子儿女也会怀疑你。

【解读】指诚信是人际交往的枢纽。

2. "志不强者智不达，言不信者行不果。"——《墨子·修身》

【释义】意志不坚强，智慧就不会有高境界；说话不诚信，做事就不会有好结果。

【解读】此诗句告诉我们要想成为一个成功的大智慧者，首先要树立起正确的世界观、人生观和价值观，提高自己的精神境界和道德素养。前一句的意思是凡是能成就大事者一定有坚强的意志来作为其精神支柱，尽管"饿其体肤，劳其筋骨，苦其心志"，也要坚持自己的信念。后一句的意思是言语不诚实的人，做事也不会有结果，是对道德修养的要求。言语诚实是德的要素，是一个人诚信的基础，做人诚信是一个人的立身之本，为人之道，做官之要。信为德之首，一个没有诚信的人恐怕到哪里都不会受欢迎，信口雌黄、左右逢源、耍小聪明只能得意一时，终不是长久之计。

3. "人而无信,不知其可也。"——孔子《论语·为政》

【释义】信,诚也。信,即守承诺、讲信用。信的基本含义是守诺、践约、无欺。人失去信用,不知道还能做什么。

【解读】"信"在人们的生活中如此重要,那么怎样实现"信"的理念呢?"信"是靠"践行"实现的,要多做少说。守信可以提高自己的信誉;贪欲往往使人"变节",不再守信。切不可失去"做人的底线"。多助人,勿栽刺;多合作,勿折台。赢得他人的信任了,在关键时刻,别人也愿意帮助你,所谓"得道者多助,失道者寡助"。

第四章

职场礼仪

礼仪是礼节、礼貌和仪式的统称。职场礼仪则是工作伙伴之间，特别是职场交际中互相表达尊重、问候以及给予必要协助和照料的习惯性形式，如握手、鞠躬、致意、微笑等。良好的职业风范可以体现我们的基本素质，并帮助公司树立良好的企业形象。

课堂导读

我接触过的手，虽然无言，却极有表现性，有的人握手能拒人千里。我握着他们冷冰冰的指尖，就像和凛冽的北风握手一样。而有些人的手却充满阳光，他们握着你的手，能使你感到温暖。

——海伦·凯勒

第一节 称呼礼仪

称呼是人与人之间的称谓语。合理的称呼能够反映出人的教养以及对对方的尊重和重视。

一、称呼的基本原则

称呼是人与人之间交往的开端。称呼中对他人使用敬语，同时对自己使用谦称，可以表达出对他人的敬意，同时反映出你的谦虚和礼貌，这是交往礼仪的本质要求。

（一）礼貌原则

在对别人的称呼中，常用"您""贵""贤""尊"等尊称，这样可以让人觉得你非常有礼貌。

（二）尊崇原则

对于长辈和领导，或是年龄较大的同事和前辈，在对其的称呼中，应该表现出自己的尊敬。

（三）恰当原则

称呼不能乱用，在特定场合，针对特定对象，要有相对应的称呼。比如说：对于厨师或是司机，我们可以称其为师傅，但对其他职业如老师、医生等再称呼为师傅就显得不大合适了。

二、称呼正规

在人际交往中，人们所使用的称呼自有其特殊性。但下述几种正规的称呼方式，是可以广泛采用的。

（一）称呼职务

在公司等较为正式的人际交往中，尤其是正式的工作交流中，我们要以交往对象的职务相称。其中有以行政职务相称，如处长、科长、经理等；还有就是在行政职务之前加上交往对象的姓氏，如张处长、李秘书、宋董事等；还有就是在行政职务前加上姓名。上述三类可以以场合或者相熟程度不同而使用，第一类多用于熟人，第二类则适用于一般场合，第三类就适用于极为正式的场合。另外，在我国，大家比较熟悉的情况下，可以把职务称呼简化，比如张董、王局、刘总等，也很得体。

（二）泛尊称

泛尊称又称做是通行尊称，其一般适用于各类交际对象。"同志""先生"就是较为常见的通行尊称，但是其适用对象也还是存在差别的。

（三）称呼对方姓名

相熟的同辈是可以直呼姓名来表示与其亲近的关系，但是对长辈或者是不熟悉的人就不能如此随便，必须用上尊称。而且需要注意的是，如果遇到姓为复姓的人，切记不可拆开来称呼，这样是非常不礼貌的。

（四）涉外交往中的称呼

由于各国之间、各地区之间、各类宗教文化等方面都存在差异，对外籍人士的称呼与国内交际之中所常用的称呼有很多的区别。在有外籍人士的社交场合中，需要根据交流对象的职业或者其他情况合理选择称呼，如此则需要参与者引起足够的重视。

1. 商界人士

对商界人士的称呼，通常有先生、小姐、女士等。有时我们也可以加上对方姓氏或者姓名，但尽量不要加入交流对象的行政职务，因为很多国家忌讳这种称呼。

2. 政界人士

对于政界人士的称呼，通常与商界人士相同，一般可以称为先生、小姐、女士等。除此之外，亦可在称呼中加入行政职务，如市长、局长等。还有就是对职务较高者的称呼中再加上阁下，如总统先生阁下等。但是在部分西方国家中，并没有阁下的称呼。

3. 军界人士

国外对军界人士的称呼大多习惯于直呼其军衔，其称呼方式基本可以分为四种。首先是只称呼军衔。例如，元帅、少校、上尉等。二是在军衔之后加上"先生"。如，中校先生、上将先生等。三是在军衔之前加上姓氏。例如，詹姆斯将军等。最后是最为正规的，将军衔与姓氏、先生一起相称，如艾森豪威尔上将先生。

4. 宗教界人士

对宗教界人士，一般只宜称呼其神职。大致可以分为三种。一是仅称其神职。例如，牧师、阿訇、大主教等。二是神职加上姓氏。例如，谢尔盖神父。三是神职加上先生。例如，传教士先生。

（五）错误的称呼

在人与人的交往中，是存在很多忌讳的，所以在交流中不宜采取以下几种错误的称呼：

1. 庸俗的称呼

采用低级庸俗的称呼，是既失礼又失自己身份的行为。

2. 他人的绰号

一般情况下，与不相熟的人交往时当面以绰号称呼他人是不尊重对方的表现；与相熟的人，也应考虑场合是否合适的问题。

3. 地域性称呼

因为地域习俗、文化各异，地域性的称呼其实不宜乱用。

4. 合理使用对女性的称呼

一般的社交活动中，对于男性称呼为先生是合理的，但是对于女性的称呼则需要考虑交流对象的婚姻状况以及当地的习俗等要素，合理使用称呼。

课堂思考

小李是一名应届毕业生，刚毕业的她，像大部分毕业生一样到处寻找面试机会。有一天，她接到了一个面试通知，是应聘行政客服一职。小李大学时学的专业是行政管理，她对行政客服这个岗位充满期待。但因为她太过紧张，面试时有些发挥失常，就在她从考官眼中看出拒绝的意思而心灰意冷时，一位中年男士走进办公室和考官耳语了几句。在他离开时，她听到人事主管小声说了句"经理慢走"。小李灵机一动，赶忙起身，毕恭毕敬地对他说："经理您好，您慢走！"她看到了经理眼中些许的诧异，然后他笑着对自己点了点头。第二天，小李接到了录用通知，她顺利地进入了公司客服部。

思考：小李转败为胜的关键因素是什么？

第二节　问候礼仪

问候礼仪主要用于在人际交往中化解尴尬，打破僵局，缩短人际距离，向交谈对象表达自己的尊敬之意。

一、常见形式

（一）握手礼

现代的握手礼通常是双方先打招呼，而后互相握手，以示寒暄致敬。握手礼现在作为一种人际交往中必备礼仪，其适用范围广泛，可以应用于见面、感谢、欢迎、祝贺以及致谢等场合；也可以用于熟人、朋友，甚至陌生人、对手的交际场合。行握手礼时应注意：

1. 方向

握手时需两人相对，自信、大气地伸出右手，目光不能左顾右盼。多人同时握手时应按顺序进行，不能交叉握手，也不能越过他人与另外的人握手。

2. 时间

与他人握手时时间不宜过长，上下摆动一到两下即可，一般情况下3秒左右最为适宜。与异性握手时更加需要注重礼貌，不能长时间握住异性的手不放，更不能刻意抚摸。

3. 表情

握手时要面带微笑，微微欠身，以示敬意。对长辈或者领导，如果对方以点头代替握手，也应该以点头对其致意，不能强行与对方握手。

4. 配饰

在握手时切记不能佩戴手套，如果确实有不方便之处，则应及时向对方报以歉意。

握手礼在全世界相当流行，所以在与不同国家、地区、民族的人士交流时，一定要尊重他人习俗、文化，避免忌讳。

（二）拱手礼

拱手礼最早出现于我国先秦，也称为"抱拳礼"或者"作揖"，是古代汉族人民的城市化见面礼，是以自谦的方式来表达对他人的敬仰之情。后来随着时代推移，拱手礼也从之前的寓意逐渐发展为见面或者感谢之时所使用的一种礼仪。

拱手礼一般有捧手和抱拳两种基本手型，身姿也有直立和向前躬身两种。行礼时起身站立，左手握空拳，右手抱左手，双手胸前叠合，拱手齐眉，上下略摆动几下，而后收势完成整套动作。

拱手礼作为本土社交礼仪，其适用范围是非常广的，基本上涵盖了我们日常生活的各种场合。重大节日中可以以此表达祝福；婚庆和生日宴会客人可以以此表达对当事人的祝贺之情；告别之时，作揖拱手互道珍重；而向他人表达歉意，亦可使用拱手礼。在拱手之时，也可以同时进行语言问候，比如"恭喜""你好""后会有期"等等。

（三）合十礼

合十礼属于古印度文化礼仪之一，后随佛教传播，现通行于各个信奉佛教的国家及地区，成为佛教徒沿用至今的日常礼节。行合十礼，需要施礼者两掌并拢，十指伸直，举于胸前，略为下躬身体，微微低头。合十礼可分为跪合十礼、蹲合十礼、站合十礼三类。

1. 跪合十礼

跪合十礼是佛教徒拜佛祖或者高僧时的一种礼节，以展示信徒虔诚的信仰。在此类场合，佛教徒需双掌合于两眉之间，头部微低。

2. 蹲合十礼

蹲合十礼，主要是某些国家拜见长辈、师长时所用的礼节。行礼时身体需下蹲，将两掌合于眉心之间，表达对长辈的尊敬。

3. 站合十礼

站合十礼主要用于信奉佛教的国家的平民或平级官员之间相互问候的礼仪，公务人员拜见长官时也用此类礼节。行礼时需端正站立，将两掌合一置于胸部或口部，以示尊敬。行礼时，可同时问候对方。

（四）鞠躬礼

鞠躬礼始于中国，最初是商代的一种祭天仪式"鞠祭"，以此表达虔诚和恭谨。这种习俗被一直传承下来，不仅仅保留了其在祭祀时候的功能，还演化出以此种形式来表达对地位崇高者和长辈的尊敬。现主要流传于中国、日本、韩国、朝鲜等国家，适用于庄严肃穆、喜庆欢乐的仪式。

鞠躬时，施礼者需摆正身姿，面带笑容，不得东张西望，男士双手自然下垂，贴近双腿；女士双手置于腹部，上身微微弯腰前倾，一般弯腰幅度为15°~30°，具体应根据对象以及场合来决定，90°的幅度只适用于少数特定的场合。此外，长辈或者领导还礼时，可以只欠身、点头或者伸出右手，不需再进行鞠躬。错误的鞠躬见图4-1。

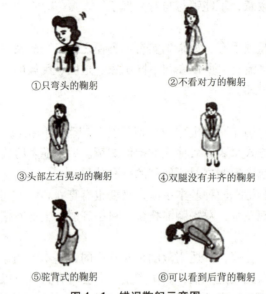

图4-1 错误鞠躬示意图

除了上面所说的见面问候礼外，还有脱帽礼和举手示意礼等。脱帽礼源于欧洲中世纪，在欧美国家广为流行。举手示意礼一般是自己正在忙碌时看到熟悉的同事、朋友时采用。

二、问候的次序

在正式会面时，宾主之间的问候，在具体的次序上有一定的讲究。当一个人与另外一个人之间的问候通常应为"位低者先行"，即双方之间身份较低者首先问候身份较高者，才是适当的。当一个人有必要问候多个人时，既可以笼统地加以问候，也可以逐个加以问候。当一个人逐一问候许多人时，既可以由"尊"而"卑"、由长而幼地依次而行，也可以由近而远地依次而行。

三、问候的态度

问候是敬意的一种表现，问候他人在态度上应注意以下几点。

1. 主动

问候他人，应该积极、主动。当他人首先问候自己之后，应立即予以回应。

2. 热情

在问候他人时，通常应表现得热情而友好。毫无表情，或者表情冷漠，都是应当避免的。

3. 自然

问候他人时的主动、热情的态度，必须表现得自然而大方。矫揉造作、神态夸张，或者扭扭捏捏，都不会给他人留下好的印象。

4. 专注

在对交往对象进行问候时，应当面含笑意，以双目注视对方的两眼，以示口到、眼到、意到，专心致志。

四、问候的内容

问候语按具体内容及其适用范围可分为以下两类：

1. 直接式

部分正式的社交场合，尤其是主宾双方属初次见面，可以用直截了当的问候作为主要内容。

2. 间接式

在一些非正式的交际场合，尤其是双方是经常见面的熟人，则可以使用"忙啥呢？""你去什么地方？"等约定俗成的语言代替直接式的问候语。无论使用何种问候形式，都是双方之间彼此的审视，从内心做出对对方直接印象的判断。所以，在问候的时候，我们应该从微笑开始，用恰当的言谈举止，给对方留下良好的印象。

课堂思考

小张在公司电梯口看到一位似曾相识的熟人，连忙上前拍打对方肩部，问候道："嗨，还记得我吗？"对方回头看到小张，尴尬地摸摸头，问道："你是……？"

请同学们谈谈自己对问候礼仪的理解。

第三节　乘车礼仪

乘车不仅仅是"坐过去"那么简单，如果毫不注意地坐错了位置，腿脚放错了地方，或是说了不适当的话，那完美形象可能会像刚刚把我们送到目的地的车一样绝尘而去了。

一、乘坐公交车、地铁的礼仪

（一）排队上车

乘坐公交车应该在公交车站等固定地点候车，等车辆入站停靠稳定后再上下车。候车时，应按先后顺序排队上下车。上车后，应严格遵守前门上后门下的乘车秩序，并主动投币或刷卡。在遇到老弱病残孕乘车时，应该主动帮助其上下车。

（二）主动让座

乘车时应避免占用老弱病残孕专座。如果遇到老弱病残孕或者抱小孩的妇女，在自身身体条件允许的前提下应主动让座。如碰到他人给自己让座，不能觉得理所当然、心安理得，应该立刻表示谢意，即使自己不去坐，也应该礼貌地表达谢意。行李等物件不应该放在座椅上。乘坐的时候也应该注重姿势，不能只图自己舒服，而不顾及他人感受。

(三) 以礼待人

乘车时要以礼待人。站在车厢里要扶好扶手站稳,以免刹车时碰着、踩着别人。不小心踩了别人应马上道歉,被踩的一方也不要过分计较。

(四) 举止文明

在车上不要高声谈笑,以免打扰他人。在车上打喷嚏时一定要先拿手帕掩口。恋人要明白车上是公共场所,不可亲热过度,如两人都有座,可请女士靠窗而坐。如果附近有乘客读报,不能伸过头去"凑份子"。

二、乘坐轿车礼仪

(一) 座次的规范

在很多较为正式场合,乘坐轿车的时候是需要注意乘车礼仪的,尤其要区分各个座位的主次尊卑。一般情况下,如果是主人驾车,那么前排座位为上,后排座位为下,以右边座位为尊,左边座位为卑;如果所驾驶车辆为五座,其尊卑次序为:副驾驶座位是不能空座的,其次是后排右边、左边座位,最后是中间座位。见图4-2。

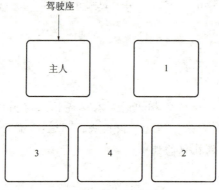

图4-2 乘车次序图一

如果驾车人是男性,其妻子应该坐在副驾驶位置上。如果是由专职司机驾车,一般原则上是以后排右侧位置为尊。如果车辆为五座,那么座次的尊卑次序为:后排右侧座位,后排左侧座位,后排中间座位,最后才是副驾驶位。见图4-3。

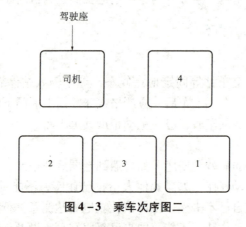

图4-3 乘车次序图二

这是因为我国道路是靠右行使，后排相比较前排在行使过程中更为舒适，另外上下车时右边比左边更加方便。经验丰富的司机在停车时，一般都能够将后排右侧座位正对方便上下车的位置。而副驾驶座在这种情况下被称为"随员座"。

（二）上下车礼仪

一般情况下上下车的基本次序是先请长辈、领导、女性、客人等上下车，具体包括以下几点。

（1）如果由主人驾车时，应先行照顾客人上下车，自己随后。

（2）如果由专职司机驾车时，则由"随员座"上的乘客先下后上，以便照顾后排乘客上下车。

（3）乘坐三排九座车时，需由长辈或者位高者先上车、后下车，低位者后上车、先下车。

（4）搭乘出租车时，左边的门往往锁住不开，这时候男士可以自己先进去，往左移动，让女士坐在右后边的座位，与长辈一起或为了礼让对方也可以用这种方式。其主要原因是方便的座位是不需要再移动的，因此应该礼让给女士或长辈。

（三）乘车仪态

对于一般较大型的汽车，座位较高，当穿着窄裙、长裙时，一定要用最正式的方式进车。当车门打开后，准备进入车子时一定先侧身坐下，然后再将双腿移进，将姿态调整好；出来时，将双腿先移出，再侧身出来。

碰到较小的汽车，车门又非全开，就很难以标准的坐姿进入车子。在这种情况下可以先伸出左腿，身体坐下后再将右腿收进；出汽车时先伸出右腿，侧身而立再收回左腿。最错误而又最忌讳的姿势是先低头进车身，再用双腿轮流跨进，如用爬的姿势爬进车子，而让臀部留在车外，这是最不礼貌也是最不雅的，千万不要犯这种错误。

假设你是公司董事长秘书，现在陪同董事长去宾馆接合作企业的董事长及其助理，请问上下车顺序如何？

1. "不学礼，无以立。"——孔子《论语·季氏篇第十六》

【释义】不学会礼仪礼貌，就难以有立身之处。

【解读】这里的"不学礼，无以立"是"礼"而非"理"。礼是作为一个健全人所必需的素质。

2. "人无礼则不生，事无礼则不成，国无礼则不宁。"——荀子《荀子·修身》

【释义】人不守礼就没法生存，做事没有礼就不能成功，国家没有礼则不安宁。

【解读】无论是社会正常秩序，还是判断是非善恶都把礼法作为标准。在日常生活中，礼是修己、待人、接物的根本原则，它存在于人的意志思虑、饮食服饰、容貌态度、进退趋行中，它反映了人们的价值取向、行为方式和生活态度。所以人们在日常生活中，都必须遵从礼的规范。如果不能以礼为先，是不可能使人民富裕昌盛，国家兴旺发达的。

3. "仁者爱人，有礼者敬人。爱人者，人恒爱之；敬人者，人恒敬之。"——《孟子·离娄下·第二十八节》

【释义】仁慈的人爱人，有礼貌的人尊敬人。爱别人的人，别人也爱他；尊敬别人的人，别人也尊敬他。

【解读】仁者和有礼者，实际上是两个不同层次的人，仁者更高一层，能以博大胸襟去爱人，但是有礼者做不到这些，退而求其次，以求对人的尊敬。孔子觉得，在春秋战国时期，希望要求人们去爱人，做个仁者，但也看到这个理想的实现太过困难，于是退一步要求人们起码能做到有礼，能尊重别人。

走入社会篇

第五章

法律法规

又是一年毕业季,各位即将离开学校的同学们,你们做好踏入社会的准备了吗?马上要步入职场的你,是时候学习一些法律知识保护好自己,维护自己的合法权益了!

 **课堂导读**

2014年暑期,江苏南京某高校学生李长振和3名大学生被中介公司介绍到南京娃哈哈饮料有限公司(以下简称"南京娃哈哈")打工。按照合同,他们原本可以拿到3 000多元薪酬,但企业最终以他们的身份是大学生为由,按实习对待,仅发给他们1 000多元生活补贴。李长振等多方维权却没有任何结果。

同年10月底,中国青年报记者联合江苏高校传媒联盟大学生记者对142名有打工经历的大学生做了访谈调查,涉及42所高校,其中江苏省内21所高校111人,省外21所高校31人。本次调查显示,有超过一半的学生遭遇过交押金、被中介欺骗、拖欠克扣工资福利、拒付工资、超工时加班、拒付加班费等侵权行为,而其中能够成功维权的寥寥无几。

大学生被侵权现象较为普遍,原因有大学生自身社会经验不足,对《劳动法》了解不够,维权意识薄弱等方面。

(来源:《中国青年报》2014年12月26日01版,李润文、李超、何苗、林晓璇)

第一节 劳动法

作为大三学生,很快就面临实习与就业的问题,如何在以后的求职、就业,甚至发生劳动争议需要进行劳动仲裁时,少走弯路、错路,最好的办法就是学习《劳动法》。从而提高对相关的法律知识的关注度,增强依法维权的意识与勇气,维护自己的合法权益,成为知法守法的公民。

一、我国劳动法

为了保护劳动者的合法权益,调整劳动关系,建立和维护适应社会主义市场经济的劳动制度,促进经济发展和社会进步,根据宪法,制定《劳动法》。《劳动法》于1994年7月5日第八届全国人民代表大会常务委员会第八次会议通过,自1995年1月1日起施行。这部劳动法,确立了劳动法制的基本框架。2018年12月29日,第十三届全国人民代表大会常务委员会第七次会议通过对《劳动法》的第二次修正。

二、劳动法中劳动者的范围

劳动者是在法定劳动年龄内具有劳动能力，以从事劳动获取合法劳动报酬的自然人。我国的最低法定劳动年龄是16周岁。但是，文艺、体育和特种工艺单位可以招用劳动年龄不足16周岁的未成年人，条件是必须依照国家有关规定，履行审批手续，并保障其接受义务教育的权利。

三、劳动者的权利与义务

《劳动法》总则第三条对劳动者享有的劳动权利和应当履行的义务作出了明确规定，概括起来有：

1. 劳动者的基本劳动权利

（1）劳动者有平等就业和选择职业的权利。这是公民劳动权的首要条件和基本要求。在我国，劳动者不分民族、种族、性别、宗教信仰，都平等地享有就业的权利。劳动者选择就业的权利是平等就业权利的体现。

（2）劳动者有获得劳动报酬的权利。劳动报酬包括工资和其他合法劳动收入。

（3）劳动者有休息休假的权利。休息权和劳动权是密切联系的。休假是劳动者享有休息权的一种表现形式。

（4）劳动者有在劳动中获得劳动安全和劳动卫生保护的权利。劳动者在安全、卫生的条件下进行劳动是生存权利的基本要求。劳动安全、卫生权是一项重要的人权。

（5）劳动者有接受职业技能培训的权利。劳动者不但要掌握熟练的生产技能，而且要懂业务理论知识。只有赋予劳动者这项权利，才能保障劳动者获得应有的知识和技能，更好地完成各项劳动任务。

（6）劳动者享有社会保险和福利的权利。这是指劳动者在遇到年老、患病、工伤、失业、生育等劳动风险时，获得物质帮助和补偿的权利。享受社会保险和福利权，是享受劳动报酬权的延伸和补充。

（7）劳动者有提请劳动争议处理的权利。这是劳动者维护自己合法劳动权益的有效途径和保障措施。

（8）劳动者还享有法律、法规规定的其他劳动权利。包括组织和参加工会的权利，参与民主管理的权利，提合理化建议的权利，进行科学研究、技术革新和发明创造的权利，等等。

2. 劳动者应当履行的义务

劳动者在享有一定的劳动权利的同时，必须履行一定的劳动义务。权利与义务是互为条件的。按照《劳动法》的有关规定，劳动者应当履行的义务包括：

（1）完成劳动任务。劳动者首要的义务是对工作尽心尽责，忠于职守，出色地完成任务。

（2）提高职业技能。劳动者要有强烈的事业心和主人翁责任感，要刻苦学习专业知识，钻研职业技术，提高职业技能，掌握过硬的本领。

（3）遵守劳动纪律，执行劳动安全卫生规程。劳动者在劳动中必须服从管理人员的指挥，遵守各项规章制度和劳动纪律及安全生产的法规制度、规程标准。

（4）职工既是劳动者，又是公民，在社会上，在家庭里，都要遵纪守法。在社会上违法乱纪，也会导致劳动权利的丧失。

×同学是一名在校大学生，课余时间到某公司从事兼职工作，工作超时没有加班工资，在上岗前一周的培训也没有工资。不像其他的正式员工一样，什么都有。×同学就觉得很不公平，找到经理理论这事，经理说："你是在校大学生兼职，跟他们正式员工能一样吗？"那么，请问：在校大学生兼职，能受《劳动法》保护，跟其他正式员工一样待遇吗？

第二节　劳动合同

作为即将毕业的大学生，满怀着对未来的憧憬，对事业的展望，迎来新的生活。可是你们都将面对一个严肃的问题：不论是用人单位录用新员工，还是大学毕业生等其他求职者成功进入了新单位，都不可避免地会涉及劳动合同的签订问题。因此我们必须先学会如何签订以及如何签好劳动合同，为以后避免劳动争议的发生减少隐患，在完成学业后更好地就业创业。

一、劳动合同

劳动合同，是指劳动者与用人单位之间确立劳动关系、明确双方权利和义务的协议。订立和变更劳动合同，应当遵循平等自愿、协商一致的原则，不得违反法律、行政法规的规定。劳动合同依法订立即具有法律约束力，当事人必须履行劳动合同规定的义务。

二、劳动合同与劳务合同的五项区别

劳务合同是指以劳动形式提供给社会服务的民事合同，是当事人各方在平等协商的情况下达成的，就某一项劳务以及劳务成果所达成的协议。一般在独立经济实体的单位之间、公民之间以及它们相互之间产生。

劳务合同不属于劳动合同，从法律适用看，劳务合同适用于《劳动合同法》以及《民法总则》和其他民事法律所调整，而劳动合同适用于《劳动法》以及相关行政法规所调整。

劳务合同与劳动合同也存在区别，主要表现在以下几点。

1. 主体不同

劳务合同的主体可以双方都是单位，也可以双方都是自然人，还可以一方是单位，另一方是自然人；而劳动合同的主体是确定的，只能是接受劳动的一方为单位，提供劳动的一方是自然人。劳务合同提供劳动一方主体的多样性与劳动合同提供劳动一方只能是自然人有重大区别。

2. 双方当事人关系不同

劳动合同的劳动者在劳动关系确立后成为用人单位的成员，须遵守用人单位的规章制

度，双方之间具有领导与被领导、支配与被支配的隶属关系；劳务合同的一方无须成为另一方成员即可为需求方提供劳动，双方之间的地位自始至终是平等的。

3. 承担劳动风险责任的主体不同

劳动合同的双方当事人由于在劳动关系确立后具有隶属关系，劳动者必须服从用人单位的组织、支配，因此在提供劳动过程中的风险责任须由用人单位承担；劳务合同提供劳动的一方有权自行支配劳动，因此劳动风险责任自行承担。

4. 法律干预程度不同

因劳动合同支付的劳动报酬称为工资，具有按劳分配性质，工资除当事人自行约定数额外，其他如最低工资、工资支付方式等都要遵守法律、法规的规定；而劳务合同支付的劳动报酬称为劳务费，主要由双方当事人自行协商价格及支付方式等，国家法律不过分干涉。

5. 适用法律和争议解决方式不同

劳务合同属于民事合同的一种，受《民法》及《劳动合同法》调整，故因劳务合同发生的争议由人民法院审理；而劳动合同纠纷属于《劳动法》调整，要求采用仲裁前置程序。

三、劳动合同的订立

劳动合同，是用人单位与劳动者之间确立劳动关系，明确双方权利和义务的书面协议。我国《劳动合同法》明确"建立劳动关系，应当订立书面劳动合同"。

（一）劳动合同订立的一般要求

（1）劳动合同应采取书面形式订立。

（2）用人单位与劳动者在用工前订立劳动合同的，劳动关系自用工之日起建立。

（3）劳动合同双方当事人意思表示一致，签订劳动合同之日，就产生法律效力。

（4）用人单位招用与其他用人单位没有解除或者终止劳动合同的劳动者，给其他用人单位造成损失的，应当承担连带赔偿责任。

（二）未订立书面劳动合同的处理

我国《劳动合同法》第十条规定：建立劳动关系，应当订立书面劳动合同。已建立劳动关系，未同时订立书面劳动合同的，应当自用工之日起一个月内订立书面劳动合同。用人单位与劳动者在用工前订立劳动合同的，劳动关系自用工之日起建立。

根据该条法律规定，用人单位最晚应该在用工之日起一个月内与劳动者签订书面劳动合同。劳动合同应采取书面形式订立，已建立劳动关系但没签订书面劳动合同时，依照主体＋时间段处理。

（1）我国《劳动合同法实施条例》第五条规定：自用工之日起一个月内，经用人单位书面通知后，劳动者不与用人单位订立书面劳动合同的，用人单位应当书面通知劳动者终止劳动关系，无须向劳动者支付经济补偿，但是应当依法向劳动者支付其实际工作时间的劳动报酬。

根据该条法律规定，自用工之日起一个月内，经用人单位书面通知后，由于劳动者的原因不签订书面劳动合同的，用人单位应与劳动者终止劳动关系，且无须支付经济补偿，但是应当支付相应的劳动报酬。

（2）《劳动合同法实施条例》第六条规定：用人单位自用工之日起超过一个月不满一年未与劳动者订立书面劳动合同的，应当依照《劳动合同法》第八十二条的规定向劳动者每月支付两倍的工资，并与劳动者补订书面劳动合同；劳动者不与用人单位订立书面劳动合同的，用人单位应当书面通知劳动者终止劳动关系，并依照《劳动合同法》第四十七条的规定支付经济补偿。前款规定的用人单位向劳动者每月支付两倍工资的起算时间为用工之日起满一个月的次日，截止时间为补订书面劳动合同的前一日。

根据该条法律规定，劳动者在用人单位工作超过一个月不满一年的，用人单位仍未与劳动者签订书面劳动合同，用人单位不但要向劳动者每月支付双倍工资，且应与劳动者补签劳动合同；但是若是由于劳动者的原因不签订书面劳动合同的，用人单位应与劳动者终止劳动关系，且应支付经济补偿。

（3）《劳动合同法实施条例》第七条规定：用人单位自用工之日起满一年未与劳动者订立书面劳动合同的，自用工之日起满一个月的次日至满一年的前一日应当依照《劳动合同法》第八十二条的规定向劳动者每月支付两倍的工资，并视为自用工之日起满一年的当日已经与劳动者订立无固定期限劳动合同，应当立即与劳动者补订书面劳动合同。

根据该条法律规定，用人单位用工满一年后仍未与劳动者签订书面劳动合同，应当支付劳动者每月两倍的工资，并视为已与劳动者签订了无固定期限劳动合同，且需要补签书面劳动合同。

（4）用人单位向劳动者支付双倍工资的例外情况。

我国《劳动合同法》第八十二条规定：用人单位自用工之日起超过一个月不满一年未与劳动者订立书面劳动合同的，应当向劳动者每月支付双倍的工资。用人单位违反本法规定不与劳动者订立无固定期限劳动合同的，自应当订立无固定期限劳动合同之日起向劳动者每月支付双倍的工资。但若未订立书面劳动合同的责任在劳动者一方，则用人单位无需向劳动者支付双倍工资。

四、答疑解惑

（1）签署三方协议后，劳动合同是否就不用签了？

大家在毕业前找工作时，总是在谈论"你签三方了吗？"这里的"三方"指的就是《普通高等学校毕业生、毕业研究生就业协议书》，俗称"三方协议"或"三方"。那么，这里说的"三方协议"和劳动合同有区别吗？签了"三方"是否就不用再签劳动合同了呢？

答：劳动合同并不等同于"三方协议"。"三方协议"是指为明确毕业生、用人单位和学校三方在毕业生就业工作中的权利和义务的书面表现形式，而劳动合同是指劳动者与用人单位之间确立劳动关系、明确双方权利和义务的协议。从法律意义上看，应届毕业生尚未离校时仍然为学生身份，并不具备《劳动法》上的主体资格。虽然"三方协议"从形式上看对劳动关系的建立有约束作用，但本身并不是劳动合同。因此，签订"三方协议"的毕业生应当在毕业离校时，持学校向其开具的报到证向签订协议的企业报到，企业应当自毕业生报到之时与其建立正式的劳动关系。

（2）试用期是什么概念？

大家在求职的过程中经常会听到一个概念——试用期。比如 HR 说："我们会有试用期的，试用期期间的薪资会打折""试用期之后才是正式员工"……那么，到底什么是试用期呢？

答：根据《劳动部办公厅对〈劳动用工管理有关问题的请求〉的复函》（劳办发

[1996] 5号）第三条的规定，试用期是用人单位和劳动者建立劳动关系后为相互了解、选择而约定的不超过6个月的考察期。根据《劳动合同法》规定，用人单位与劳动者约定试用期的，试用期应当包含在劳动合同内，如仅约定试用期的，试用期不成立，该期限为劳动合同期限。劳动合同期限三个月以上不满一年的，试用期不得超过一个月；劳动合同期限一年以上不满三年的，试用期不得超过二个月；三年以上固定期限和无固定期限的劳动合同，试用期不得超过六个月。并且，同一用人单位与同一劳动者只能约定一次试用期。

（3）已经实习了很长一段时间，劳动合同中可否实习期抵试用期呢？

许多同学在找到工作前已经积累了丰富的实习经验，更有不少同学是经过了长期的实习，获得了用人单位的认可后才得以被用人单位选择录用的。那么这个时候，相信有些同学会有一个疑问：实习期和试用期可以等同吗？我已经在单位实习了很久，单位还可以跟我约定试用期吗？

答：实习期和试用期是两个完全不同的概念。实习期一般是学生在校期间，到企业的具体岗位上参与实践工作的过程，其针对的是在校学生；而试用期是用人单位和劳动者在劳动合同中约定的，其针对的是劳动者。同时，根据劳动部《关于贯彻执行劳动法若干问题的意见》第十二条规定："在校生利用业余时间勤工助学，不视为就业，未建立劳动关系，可以不签订劳动合同。"也就是说，在实习期间，学生的行为并不属于劳动法意义上的"就业"，学生的身份也并不是"劳动者"，故双方并不建立劳动关系。因此，企业在与毕业离校的学生签订劳动合同之时，可以约定试用期。

（4）试用期里用人单位是不是随时可以解除劳动合同？

很多同学会担心，如果试用期是考察期，那么试用期里面自己是否随时都可能被解除劳动合同呢？

答：我们想要提醒大家的是，不要总认为试用期是一个用人单位对劳动者进行考核的过程，实际上，我们应当把它理解成一个双方双向选择的体现。在这段时间里，不仅用人单位可以对劳动者是否适合岗位进行考察，也是劳动者对这份工作予以衡量权衡的机会。对于劳动者而言，根据《劳动合同法》的规定，提前3天通知企业，可以解除劳动合同；对于用人单位而言，则只有在劳动者满足特定情形时才可以解除劳动合同，即，劳动者不符合录用条件、过失性解除、非过失性解除等情形才可以解除劳动合同。同时，用人单位在试用期解除劳动合同的应当向劳动者说明理由。

课堂思考

小章是一个应届大学毕业生，毕业后应聘到一家高科技电子公司。入职后公司支付了培训费12 000元，对小章进行了一个月的专业技术培训。同时，公司与小章签订了一份培训协议，协议约定小章需在公司服务3年，如违约，小章需承担违约金50 000元。小章在公司服务2年后，提出辞职，公司要求小章支付违约金50 000元，双方发生劳动争议。请问：公司要求小章支付违约金是否合理？为什么？

第三节　社会保险法律制度

对每一位即将走出大学校门的学子来说，参加工作后如何缴纳社会保险是大家非常关心的问题，下面我们一起来了解一下吧！

一、社会保险的概念与组成

社会保险是指国家通过立法建立的，对劳动者在其生、老、病、死、伤、残、失业以及发生其他生活困难时给予物质帮助的制度。社会保险由基本养老保险、基本医疗保险、工伤保险、失业保险、生育保险等社会保险制度组成，来保障公民在年老、患病、工伤、失业、生育等情况下依法获得物质帮助的权利。

二、基本养老保险法律制度

基本养老保险，是国家根据法律、法规的规定，强制建立和实施的一种社会保险制度。在这一制度下，用人单位和劳动者必须依法缴纳养老保险费，在劳动者达到国家规定的退休年龄或因其他原因而退出劳动岗位后，社会保险经办机构依法向其支付养老金等待遇，从而保障其基本生活。国有企业、集体企业、外商投资企业、私营企业和其他城镇企业及其职工，实行企业化管理的事业单位及其职工必须参加基本养老保险。新的参统单位（指各类企业）个人缴费费率确定为8%，单位缴费率根据城市不同而略有不同，个体工商户及其雇工、灵活就业人员及以个人形式参保的其他各类人员，根据缴费年限实行的是差别费率。参加基本养老保险的个人劳动者，缴费基数在规定范围内可高可低，多交多受益。职工按月领取养老金必须是达到法定退休年龄，并且已经办理退休手续；所在单位和个人依法参加了养老保险并履行了养老保险的缴费义务；个人缴费至少满15年。

目前中国的企业职工法定退休年龄为：男职工60岁，从事管理和科研工作的女干部55岁，女职工50岁。基本养老金由基础养老金和个人账户养老金组成。职工达到法定退休年龄且个人缴费满15年的，基础养老金月标准为省（自治区、直辖市）或市（地）上年度职工月平均工资的20%。个人账户养老金由个人账户基金支付，月发放标准根据本人账户储存额除以139。个人账户基金用完后，由社会统筹基金支付。

三、失业保险法律制度

失业保险金，是指失业保险经办机构依法支付给符合条件的失业人员的基本生活费用，是对失业人员在失业期间失去工资收入的一种临时补偿。失业保险金目的是为了保障失业人员的基本生活需要。

（一）申请失业保险的资格

（1）具备下列条件的失业人员，可以领取失业保险金，并同时按规定享受其他各项失业保险待遇。

- 按照规定参加失业保险，所在单位和本人已按照规定履行缴费义务满1年的；
- 非因本人意愿中断就业的；

- 已依法定程序办理失业登记的；
- 有求职要求，愿意接受职业培训、职业介绍的。

（2）劳动者非因本人意愿中断就业具体包括下列情形：

- 终止劳动合同的；
- 被用人单位解除劳动合同的；
- 因用人单位不按规定提供劳动条件，提出解除劳动合同的；
- 因用人单位以暴力、胁迫或者限制人身自由等手段强迫劳动，提出解除劳动合同的；
- 因用人单位克扣、拖欠工资，或者不按规定支付延长工作时间劳动报酬，提出解除劳动合同的；
- 因用人单位低于当地最低工资标准或者集体合同约定的工资标准支付工资，提出解除劳动合同的；
- 因用人单位扣押身份、资质、资历等证件，提出解除劳动合同的；
- 因用人单位未依法缴纳社会保险费，提出解除劳动合同的；
- 法律、法规另有规定的。

（3）有下列情形的，停止领取失业保险金，并同时停止享受其他失业保险待遇。

- 重新就业的；
- 应征服兵役的；
- 移居境外的；
- 享受基本养老保险待遇的；
- 被判刑收监执行或者被劳动教养的；
- 无正当理由，拒不接受当地人民政府指定的部门或者机构介绍的工作的。

四、工伤保险法律制度

指劳动者在工作中或在规定的特殊情况下，遭受意外伤害或患职业病导致暂时或永久丧失劳动能力以及死亡时，劳动者或其遗属从国家和社会获得物质帮助的一种社会保险制度。根据《工伤保险条例》的规定，工伤保险的适用范围包括中华人民共和国境内的企业、事业单位、社会团体、民办非企业单位、基金会、律师事务所、会计师事务所等组织和有雇工的个体工商户。

（一）工伤认定

工伤是指职工在工作过程中因工作原因受到事故伤害或者患职业病。根据《工伤保险条例》第十四条的规定，职工有下列情形之一的，应当认定为工伤。

在工作时间和工作场所内，因工作原因受到事故伤害的；

工作时间前后在工作场所内，从事与工作有关的预备性或者收尾性工作受到事故伤害的；

在工作时间和工作场所内，因履行工作职责受到暴力等意外伤害的；

患职业病的；

因工外出期间，由于工作原因受到伤害或者发生事故下落不明的；

在上下班途中，受到非本人主要责任的交通事故或者城市轨道交通、客运轮渡、火车事故伤害的；

法律、行政法规规定应当认定为工伤的其他情形。

同时，根据《工伤保险条例》第十五条的规定，职工有下列情形之一的，视同工伤：在工作时间和工作岗位，突发疾病死亡或者在48小时之内经抢救无效死亡的；在抢险救灾等维护国家利益、公共利益活动中受到伤害的；职工原在军队服役，因战、因公负伤致残，已取得革命伤残军人证，到用人单位后旧伤复发的。

根据《工伤保险条例》第十六条规定职工符合本条例第十四条、第十五条的规定，但是有下列情形之一的，不得认定为工伤或者视同工伤：故意犯罪的；醉酒或者吸毒的；自残或者自杀的。

（二）工伤保险缴纳

根据国务院颁布的《工伤保险条例》中针对工伤保险费缴纳规定，用人单位缴纳工伤保险费的数额应为本单位职工工资总额乘以单位缴费费率之积，职工个人不缴纳。

（三）职工因工死亡，其直系亲属享受以下待遇

丧葬补助金为6个月的统筹地区上年度职工月平均工资；

工伤亲属抚恤金按照职工本人工资的一定比例发给由因工死亡职工生前提供主要生活来源、无劳动能力的亲属；

一次性工亡补助金标准为48个月至60个月的统筹地区上年度职工月平均工资。

五、医疗保险法律制度

基本医疗保险指通过国家立法，按照强制性社会保险原则而建立的一项社会保险制度，基本医疗保险费应由用人单位和职工个人按时足额缴纳。不按时足额缴纳的，不计个人账户，基本医疗保险统筹基金不予支付其医疗费用。医疗保险是为补偿疾病所带来的医疗费用的一种保险。职工因疾病、负伤、生育时，由社会或企业提供必要的医疗服务或物质帮助的社会保险。

六、生育保险法律制度

生育保障金又称生育保险金，是通过国家立法，在劳动者因生育子女而暂时中断劳动时，由国家和社会及时给予物质帮助的一项社会保险制度。

我国生育保险待遇的内容主要是：产假、生育津贴、生育医疗服务、生育期间的特殊劳动保护、生育期间的职业保障等。

（一）产假

女职工生育，享受不少于90天的产假。产假分为产前假和产后假两部分。产前假为15天，产后假为75天。难产的，增加产假15天。多胞胎生育的，每多生一个婴儿，增加产假15天。女职工怀孕流产的，根据医务部门的证明，给予一定时间的产假。流产产假以4个月划界，其中不满4个月的，给予15天至30天的产假；4个月以上流产的，产假为42天。

（二）生育津贴

女职工产假期间的生育津贴按照本企业上年度职工月平均工资计发。尚未参加生育保险社会统筹的单位，女职工生育产假期间，由单位照发工资。

（三）生育医疗服务

生育医疗服务项目包括检查费用、接生费用、手术费用、住院费和与生育直接相关的医

疗费用。女职工生育的检查费、接生费、手术费、住院费和药费由生育保险基金支付。超出规定的医疗服务费和药费（含自费药品和营养药品的药费）由职工个人负担。女职工生育出院后，因生育引起疾病的医疗费由生育保险基金支付，其他疾病的医疗费，按医疗保险待遇规定处理。女职工产假期满后，因病需要休息治疗的，享受有关病假待遇和医疗保险待遇。

（四）生育期间的特殊劳动保护

女职工生育期间的特殊劳动保护，是指女职工孕期由于生理变化而在工作中可能遇到特殊困难，为保证女职工的基本收入和母子生命安全而制定的一项特殊政策，包括收入保护和健康保护两部分。收入保护的主要措施是国家立法保护女职工怀孕期间不降低其基本工资。

（五）生育女职工的职业保障

在生育女职工职业保障方面，国家制定了一系列保障女职工不因怀孕、分娩、哺乳而失业的规定。任何单位不得在女职工孕期、产期、哺乳期解除其劳动关系。对于劳动合同期满而哺乳期未满的女职工，其劳动关系顺延至哺乳期满。

课堂思考

"五险一金"指的都是什么？有什么作用？

第四节　劳动争议解决

在法治中国背景下，法治成为建设和谐社会的重要前提。随着大学生遭受就业侵权问题日益凸显，大学生就业走上法制化道路是未来的发展趋势。大学生是我国未来建设的中坚力量，维护他们的就业权益，对提升大学生依法就业与维权能力、构建平等法治和谐的劳动力市场都有着重要的意义。

一、劳动争议的概念及范围

劳动争议，是指劳动关系的当事人之间因执行劳动法律、法规和履行劳动合同而发生的纠纷，即劳动者与所在单位之间因劳动关系中的权利义务而发生的纠纷。

根据中国《劳动争议调解仲裁法》第二条规定，劳动争议的范围是：
- 因确认劳动关系发生的争议；
- 因订立、履行、变更、解除和终止劳动合同发生的争议；
- 因除名、辞退和辞职、离职发生的争议；
- 因工作时间、休息休假、社会保险、福利、培训以及劳动保护发生的争议；
- 因劳动报酬、工伤医疗费、经济补偿或者赔偿金等发生的争议；
- 法律、法规规定的其他劳动争议。

二、劳动争议的解决途径

根据我国有关法律法规的规定，解决劳动争议的途径有：

（1）协商。劳动争议发生后，尤其是工伤待遇争议发生后，双方当事人应当首先进行协商，以达成解决方案。这是最为常见的、也往往是双方都容易接受的。对职工来讲，尤其要注意使用协商的方式解决纠纷，因为发生工伤的职工，往往还要在该用人单位工作，如果过分强调用诉讼的方式解决问题，可能会为今后的工作带来不便。

（2）调解。调解就是企业调解委员会对本单位发生的劳动争议进行调解。从法律、法规的规定看，这并不是必经的程序。但它对于劳动争议的解决却起到很大作用，特别是对希望继续留在本单位工作的职工来说，能够通过调解来解决劳动争议，也不失为一种理想的选择。

（3）仲裁。劳动争议调解不成的，当事人可以向劳动争议仲裁委员会申请仲裁。当事人也可以不经调解直接向劳动争议仲裁委员会申请仲裁。根据规定，当事人从知道或应当知道其权利被侵害之日起60日内，以书面形式向仲裁委员会申请仲裁。仲裁委员会应当自收到申请书之日起7日内作出受理或不予受理的决定。仲裁庭处理劳动争议自组成仲裁庭之日起60日内结束。对于案情复杂需要延期的，经报仲裁委员会批准，可以适当延期，但延长的期限不得超过30日。需要强调的是，仲裁是劳动争议处理的必经程序。就是说，当事人未经仲裁程序不得直接向人民法院起诉，否则，人民法院不予受理。

（4）诉讼。当事人对仲裁裁决不服的，可以自收到仲裁裁决书之日起15日内向人民法院起诉。人民法院民事审判庭则依据民事诉讼法和劳动法等的规定，受理和审理劳动争议案件。审理期限为6个月，如果有特殊情况需要延长的，经院长批准可以延长。当事人如果对人民法院的一审判决不服，可以提起上诉，二审判决是终审判决，当事人必须执行。

课堂思考

在深入地剖析大学生就业维权意识缺失原因的基础上，提出提升大学生就业维权意识的建议。

第五节　关于实习与试用期

到企事业单位实习是大学生踏入社会、准备就业的重要一步，然而实习生进入企事业单位后会面临一系列的问题，如他们与单位是否属于劳动关系？他们的劳动待遇如何保障？出现意外伤害后如何保障？发生纠纷后该如何维护自己的权益？

一、实习

（一）关于实习

实习期是指在校学生充分结合自己的理论知识，参加社会实践工作，以充分提高自身综合素质和工作适应能力的一段时期。其针对的是在校学生。它有助于学生将来找到一份适合自己的职业；或是提前熟悉即将就职单位的基本情况，给本人和聘用单位相互熟悉、了解的机会。实习期一般为30～60天，但这段时间根据个人的实习情况，或单位组织的不同也有所不同。尤其像医疗行业较为特殊，一般实习期最少为半年，长的有时会超过一年半时间。

（1）劳动部《关于贯彻执行劳动法若干问题的意见》第十二条规定："在校生利用业余时间勤工助学，不视为就业，未建立劳动关系，可以不签订劳动合同。"

（2）学生在实习期间发生伤害事故，不属于工伤，不能享受工伤保险待遇，但可以以雇佣关系向用人单位主张权利，或由学校基于与单位之间的实习合同的相关约定主张权利。

（3）实习期只适用于在校学生。一些用人单位为了逃避保险或最低工资的限制，故意与符合劳动者资格的非在校学生签订实习协议，这是违法的也是无效的。实际上即便签订实习协议，用人单位和非在校学生也存在事实劳动关系。

（4）作为用人单位，应该与实习生签订实习协议，或与实习生、实习生所在的学校签订三方协议，明确实习生的实习时间、工作时间、实习费、实习内容等细节。同时用人单位可以为实习生购买商业保险，避免实习过程中发生因工受伤后产生经济赔偿纠纷。

（5）实习是学习过程增加劳动技能的实践阶段，用人单位只是学校联系的一个学习实践地点。实习生的身份仍是学生，仍应由学校统一管理。劳动法律、法规对实习生群体没有具体的规定。用人单位不能像对待一般劳动者一样与实习生个人签订劳动合同，相关的权利义务就不能和正式签订劳动合同的劳动者一样对待。至于企业给予实习生的劳动报酬多少，支付如何约定，则属于学校或实习生本人与企业协商的内容，劳动法律、法规没有这方面的具体规定。

（二）答疑解惑

1. 实习生与实习单位是什么法律关系？

从权利和义务一致的规则来看，毕业实习期间实习生与实习单位之间没有建立劳动合同关系。尚未毕业离校的大学生其人身属性为所在院校的学生而不是实习单位的员工，不可能像用人单位的劳动者一样全面遵守实习单位包括出勤、考勤、考核在内的各项规章制度，也不可能承担用人单位一个完整的劳动过程。同时，实习单位也不可能像对待正式员工那样给实习生安排完整的工作任务。实习生不具有劳动法意义上的劳动权利和劳动义务，毕业实习期间实习生与实习单位之间只能是劳务合同关系，而不是劳动合同关系。

2. 实习生是否有权获得劳动报酬？

虽然法律没有明文确认实习生与实习单位形成的是劳动关系，但是实习生毕竟为实习单位服务，提供了劳动，因此，实习单位应该给予实习生一定的劳动报酬。

3. 实习生是否享有最低工资待遇权利？

不享有。根据有关规定，勤工俭学从事有收入工作的学生不实行最低工资制度。实践中实习学生与实习单位常就劳务补贴、劳动安全等事项于事前进行协商约定。实习单位只有对于有约定的劳务补贴才产生法定的给付义务，但这也只是民法意义上的、由双方自由协商的劳务费，而非劳动法意义上的、有最低工资下线保护的工资报酬。如无双方约定，实习单位没有依法支付实习生有最低工资下线保护的劳动报酬的法定义务，实习生也不享有要求实习单位支付不低于当地最低工资标准报酬的法定权利。

4. 实习生是否享有经济补偿待遇权利？

不享有。根据《劳动法》及《劳动合同法》有关规定，当劳动者和用人单位解除或终止劳动关系符合支付经济补偿金条件时，劳动者依法享有要求用人单位支付相应经济补偿金的权利，这也是用人单位和谐社会关系应尽的社会义务。而实习生与实习单位之间并未建立劳动关系，民事劳务关系中也无关于经济补偿金的法律规定。因此实习单位与实习生解约时，实习单位不承担支付实习生解约经济补偿金的法定义务。

5. 实习生是否享有双倍工资等赔偿权利？

不享有。根据我国《劳动合同法》的有关规定，用人单位未依法与劳动者签订书面劳动合同的，在建立劳动关系满一个月以后，用人单位应依法承担劳动者双倍工资的赔偿责任。当用人单位违法解除或终止劳动合同时，用人单位应以经济补偿金为基数依法承担双倍赔偿的法定责任。诸如此类法定责任均以双方建立劳动法意义的劳动关系为前提。因为实习学生与实习单位之间并非劳动法意义上的劳动关系，所以，实习生不享有要求实习单位前述"双倍"赔偿等法定权利。

6. 实习生的劳动报酬是否需要纳税？

根据《财政部、国家税务总局关于企业支付学生实习报酬有关所得税政策问题的通知》（财税〔2006〕107号）："凡与中等职业学校和高等院校签订3年以上期限合作协议的企业，支付给学生实习期间的报酬，准予在计算缴纳企业所得税税前扣除。对中等职业学校和高等院校实习生取得的符合我国个人所得税法规定的报酬，企业应代扣代缴其相应的个人所得税款。"

7. 实习期间能否签订劳动合同？

实习，顾名思义在实践中学习。大学生毕业前的实习从本质上讲是学校教学的延伸，所以在实习期间大学生的身份仍然属于学生。我国现行《劳动法》对劳动者一直没有给出一个明确的定义，劳动者的资格在立法上采取的是一种反向排除的方式，即《劳动法》第十五条规定，"禁止用人单位招用未满十六周岁的未成年人。文艺、体育和特种工艺单位招用未满十六周岁的未成年人，必须依照国家有关规定，履行审批手续，并保障其接受义务教育的权利。"显然，根据上述规定，年满十六周岁就可以成为《劳动法》意义上的劳动者，但实际中与用人单位签订劳动合同还要受到一些限制，在校大学生因不满足用人单位所需的一系列条件，故也被排除在外。虽然实习生与用人单位不能成立法律上的劳动关系但却成立事实上的劳动关系，我国司法实践目前通常按照劳务关系来处理，适用《民法通则》的有关法律规定。

8. 实习期间用人单位约定试用期是否合法？

《劳动法》第二十一条规定，"劳动合同可以约定试用期。试用期最长不得超过六个月。"同时《劳动合同法》第十九条规定，"劳动合同期限三个月以上不满一年的，试用期不得超过一个月；劳动合同期限一年以上不满三年的，试用期不得超过二个月；三年以上固定期限和无固定期限的劳动合同，试用期不得超过六个月。同一用人单位与同一劳动者只能约定一次试用期。以完成一定工作任务为期限的劳动合同或者劳动合同期限不满三个月的，不得约定试用期。试用期包含在劳动合同期限内。劳动合同仅约定试用期的，试用期不成立，该期限为劳动合同期限。"可以得知《劳动法》意义上的试用期只有在签订劳动合同的前提下约定，实习生与用人单位不成立《劳动法》意义上的劳动法律关系，故用人单位约定试用期违法。

9. 实习期间如何确定工作时间、保障休息时间？

《国务院关于职工工作时间的规定》第三条规定，"职工每日工作8小时、每周工作40小时"，第六条规定，"任何单位和个人不得擅自延长职工工作时间。因特殊情况和紧急任务确需延长工作时间的，按照国家有关规定执行。"如前所述，实习生不属于严格意义上的劳动者，但应当认为是以用人单位结算的工资收入为主要生活来源的工作人员，属于该规定中的职工。

二、试用期

《劳动合同法》关于试用期的规定：

第十九条　劳动合同期限三个月以上不满一年的，试用期不得超过一个月；劳动合同期限一年以上不满三年的，试用期不得超过二个月；三年以上固定期限和无固定期限的劳动合同，试用期不得超过六个月。

同一用人单位与同一劳动者只能约定一次试用期。

以完成一定工作任务为期限的劳动合同或者劳动合同期限不满三个月的，不得约定试用期。

试用期包含在劳动合同期限内。劳动合同仅约定试用期的，试用期不成立，该期限为劳动合同期限。

第二十条　劳动者在试用期的工资不得低于本单位相同岗位最低档工资或者劳动合同约定工资的百分之八十，并不得低于用人单位所在地的最低工资标准。

课堂思考

小吴是某高校2010届毕业生，早早就与甲公司达成了就业意向，并按其要求于2009年12月就开始参与公司日常工作。2010年7月，小吴与甲公司签订劳动合同，在填写入职时间上，小吴与甲公司发生了争执。

小吴认为自己从2009年12月就开始上班，参与加班，因此与甲公司的劳动关系应该从2009年12月就开始建立。甲公司则认为小吴当时只是实习，不能视为建立劳动关系。

依据相关法律知识，你认为小吴的入职时间是哪一日呢？

课后延伸

一、电影推介：《在云端》

二、"平语"近人——习近平谈法律

立德树人，德法兼修，抓好法治人才培养。励志勤学，刻苦磨炼，促进青年成长进步。

1. 青年时期是培养和训练科学思维方法和思维能力的关键时期，无论在学校还是在社会，都要把学习同思考、观察同思考、实践同思考紧密结合起来，保持对新事物的敏锐，学会用正确的立场观点方法分析问题，善于把握历史和时代的发展方向，善于把握社会生活的主流和支流、现象和本质。要充分发挥青年的创造精神，勇于开拓实践，勇于探索真理。养成了历史思维、辩证思维、系统思维、创新思维的习惯，终身受用。

2. 法律是成文的道德，道德是内心的法律。法律和道德都具有规范社会行为、调节社会关系、维护社会秩序的作用，在国家治理中都有其地位和功能。法安天下，德润人心。法律有效实施有赖于道德支持，道德践行也离不开法律约束。法治和德治不可分离、不可偏废，国家治理需要法律和道德协同发力。

 经典诵读

1. 一民之轨，莫如法。——《韩非子·有度》

【释义】统一人们的行为规范，没有比法律更好的。

【解读】法律，就是约定公民行为准则、营造和谐氛围的"规矩"，也是国家机器的"润滑剂"。试想一下：一个城市，如果没有法规，将会怎样？"百度皆准于法"。

2. 国皆有法，而无使法必行之法。——《商君书·画策第十八》

【释义】国家都是有法律的，但是没有能保证这些法律一定得到遵循的法。

【解读】人们没有法治精神，社会就没有法治风尚，法治只能是无本之木、无根之花、无源之水。从客观上说，法治并不体现于普通民众对法律条文有多么详细的了解，而在于在日常行为中时刻体现规范意识。如何把规范深植于每个人的心中，成为自觉，就需要培育法治精神。没有法治精神，再精密的法律条文都难免沦为摆设。可以说，法治精神是法治的灵魂。

第六章

社会责任与感恩

感恩是中华民族传统美德，是做人之本。"投之以桃，报之以李""望云思亲""上书救父""彩衣养亲"等，诠释了中华民族的淳朴民风，在道德建设中发挥着重要的作用。

 课堂导读

我小时候，老屋的院子里有一棵李子树，每年果实成熟后，母亲就摘了到集市上去卖，换回一些油盐钱。那时我只有七八岁，特别嘴馋，父亲就把院门锁上，防止我去偷。而我常常盯着高墙围住的李子树挪不动步，李子的香味实在诱人。我多次请求父亲打开院门，可他每次总是摆手。一天傍晚，我围着父亲忽前忽后，一遍又一遍地求他给我摘几个李子。父亲指着高高的院墙对我说："想吃李子？你就翻过那堵墙，自己去摘。"我立即欢喜地跑到墙根，跳起来试了试，墙太高过不去。我乞求地望着父亲，父亲则一边摇着头，一边向四周巡视。我灵机一动，找来几块砖垫在脚下，使劲向上蹿，还是上不去。我又找来一块木墩子搭在砖上，谁知刚一踏上脚，木墩"哗啦"一下就倒了，我也栽了个跟头。我喘着粗气，带着委屈的泪水，眼巴巴地望着父亲。父亲却不理我，只顾嘿嘿地笑，不紧不慢地说道："翻过那堵墙去！"我急了，挣扎着爬起来，飞快跑进屋，搬出一张椅子，垫上几块砖"噌噌"地爬上了墙头。蹲在墙顶，我浑身发抖，不敢往下跳。母亲惊慌地向我跑来了，父亲却拉住母亲，大声向我喊："没事！没事！跳！跳！向下跳！"在父亲这种"胁迫"的鼓励下，我"咚"地跳了下去，飞快地爬上树，摘到了渴望已久的李子。在我吃够出来时，父亲轻轻抚摸着我的头，一字一顿地说："孩子，记住！你翻过那堵墙去，吃到了李子。好样的！"我当时不懂父亲这句话的意思，只感到既吃了李子，又受到了表扬，心里乐滋滋的。读高三时我底子差，学习跟不上趟，考大学是没指望了。有天晚上，我偷偷对母亲说我不想考了，反正也考不上。谁知第二天晚上父亲从外县干活的工地上急急赶回来，坐在凳子上一根接一根地抽烟。不知过了多久，他站起来，掐灭地上的烟蒂，走到我跟前，抚摸着我的头，只说了短短几句话："孩子，你七岁那年能翻过那堵墙，摘到院子里的李子吃。现在，只要你翻过高考这堵墙，也能摘到果子吃。爸爸相信你一定能翻过去的！""翻过那堵墙去！"我一下子回忆起了那年吃李子的事。顿时，我明白了父亲当年那句话的含义。是的，一定要翻过那堵墙去。此后，在父亲这种"翻过那堵墙去"精神的鼓舞下，不到一年时间里，我奋起直追，终于如愿以偿。那年七月过后，我收到了大学录取通知书，摘到了丰收的"果子"。

思考：通过本案例的学习，同学们心中的感悟是什么？

第一节 大学生社会责任感的培养

《中华人民共和国高等教育法》中明确表述:"高等教育的任务是培养具有社会责任感、创新精神和实践能力的高级专门人才。"针对目前有一些大学生社会责任感缺失的现象,我们要把培养大学生社会责任感作为一项重点工程来抓,既促进大学生个人进步,又可以为实现中华民族伟大复兴的中国梦助力。

那么究竟什么是责任感?责任感是一个人对自己、自然界和人类社会,包括国家、社会、集体、家庭和他人主动施以积极有益作用的精神。责任感从本质上讲既要求利己,又要利他人、利事业、利国家、利社会,而且自己的利益同国家、社会和他人的利益相矛盾时,要以国家、社会和他人的利益为重。

一、当代大学生社会责任感现状

从目前高校的总体情况来看,大多数大学生具有正义感、同情心和较高的责任感。但还有相当一部分大学生的责任感明显淡化,他们漠视自己对国家、集体、家庭以及他人的责任,不愿承担自己应尽的义务。

(一)以自我为中心

随着我国社会、经济、文化等多方面的飞速发展,当代大学生对国家的认可程度也越来越高。大学生在进行求职和工作等未来发展方面都希望能为祖国贡献出自己的一份力量,共同为实现中华民族伟大复兴的中国梦而努力。另一方面,他们在为国家发展付出汗水的同时,希望能够实现自己的人生价值,这就使得当代大学生在进行一些活动的时候更加注重后者,能够始终贯彻为国家富强、民族昌盛而奋斗的大学生越来越少。崇尚"追求自我实现、完善自我价值"的欲望也不断强化,因而在升学、就业、爱情等重大问题上,他们往往以自我为中心,对自我价值的发展要求比较高。

(二)家庭责任感、社会责任感有待提高

就家庭责任感来说,大部分同学在长期的家庭生活中形成了对自己与家庭关系的感性认识,并进而萌发出对家庭的责任感。但又有相当一部分同学家庭责任意识不强,习惯把一切责任都推给父母,只知向父母索要而不思回报。

当今大学生的社会责任感不强主要表现在当个人利益和社会利益出现实际的冲突时,表现出明显的向个人利益倾斜的特点。如许多大学生不愿去条件艰苦但国家需要发展的地方去就业,还有一些大学生一旦找到更好的工作就和原工作单位毁约等。

(三)爱情、婚姻责任观,对待他人的责任观不强

许多大学生在校期间谈恋爱只是为了寻求读书吃饭的同伴,毕业时大多数会分手;另一部分同学则是随波逐流,把在大学谈恋爱当作一种时尚,盲目随从。有时对同学、朋友、老师的责任感也明显淡化,如有些同学在追求实现个人目标的过程中,往往忽略甚至排挤朋友、同学,有些同学对待上过课的老师见面也不问候,判若路人。这些都是当代大学生爱情、婚姻责任观,对待他人的责任观不强的表现。

（四）思想境界有所提高，行动有所偏离

当代大学生大部分都认识到积极进取、尊重生命、热爱集体、倡导和平等观点的正确性，但是在实际行动中，还是能够看到这样的情况：当他把电脑打开，就犹如坠入梦境如痴如醉，游戏一开始就忘乎所以；对学校里的很多事情，班级的事情乃至宿舍的事情漠不关心，以为这些永远只是班上那几个人的事；一个会议，全班总会有几个人迟到或者请假；一次班级聚餐，依然差那么几个；一次学校或学院的重大活动，总会有人拖拖拉拉，到处找借口。他们都显得格外的淡定，有一种事不关己，高高挂起的态度。

二、如何培养大学生社会责任感

（一）加强思想道德教育

怎么让大学生的社会责任观念转化为发自内心的自觉行为？最好的途径就是思想道德教育。通过思想道德教育，使社会道德规范和要求转化为个人直接的道德需要和要求，使社会准则转化为个人准则，才能有发自内心的、自觉的道德行为。在履行责任时，才能形成正确的责任动机，增强履行责任的坚强意志，有效地促进社会责任感的形成。

红军二万五千里长征体现了他们对国家、对人民的责任感。前有雪山草地，困难重重，后有敌人大军围追堵截，其中苦与累言不能尽。"红军不怕远征难，万水千山只等闲"，毛主席一首《长征》道出了战士们勇对困难不屈不挠的精神。可是正是苦与累锻炼了团结的精神，铸成了坚强的意志。

（二）积极参与社会实践，培养务实精神

责任感不仅是一个主观范畴，也是一个实践范畴，社会责任感必须通过社会实践来强化，社会实践是培养大学生良好社会责任感的有效方式。大学生走出校门，接触社会，通过青年志愿者活动、顶岗实习、社会调查、"暑期三下乡"等各种社会实践活动来了解国情、了解社会，这样可以帮助他们正确认识自我，看到个人能力和社会需求之间的矛盾，从而更加客观地认识自我、评价自我，逐渐摆正个人与社会、个人与集体的位置，深化责任意识，从而增强社会责任感和使命感。

（三）从自我做起，从身边的小事做起

社会责任感这个概念可大可小。向大处说，以天下为己任、有自我牺牲精神和强烈的忧患意识；向小处说，拧紧滴水的水龙头，最后离开教室、寝室者随手关灯关门，坚持不乱扔垃圾，在宿舍区不影响他人休息，在教学区不影响他人学习，在平时生活中给老年人、孕妇让座，礼貌待人，尊敬长辈等，这些都是责任感的体现。只要能把自己身边的小事做好，社会就会文明和谐。

（四）以感恩教育为基础，构建当代中国大学生社会责任感基石

"感恩社会、回馈社会"是当代中国大学生履行社会责任的重要途径。感恩教育就是让学生认识到任何人的成长都离不开父母的养育、他人的扶持、集体的帮助与社会的给予。感恩之情并不是简单地指父母的养育之恩，它更是一种责任意识和情感境界。俗话说："滴水之恩当涌泉相报。"对于正在接受高等教育的大学生来说，这种情感更应该体现在感恩家庭、报效祖国、报答社会等各个方面，并且要树立正确的理想信念，把责任感转化为自强不息、增长本领的学习动力。

某公司因公司发展原因要裁员，裁员名单已拟定，有内勤部的 A 和 B。每天同事们看她俩都小心翼翼的，更不敢多说一句话。因为她俩的眼圈都红红的，毕竟这事摊到谁头上都难以接受。第二天上班，A 心里憋气，情绪仍然很激动，什么也干不下去，一会找同事哭诉，一会找主任申冤，什么订盒饭、传送文件、收发信件这些她应该干的活，全扔在一边。而 B 呢，她也哭了一个晚上，可是难过归难过，裁员名单还未正式公布，工作总不能不做，于是她默默地打开电脑，拉开键盘，继续打文稿、通知。同事们知道她要被裁了，不好意思再分配任务给她。但是她特地和大家打招呼，主动揽活。她说："是福不是祸，是祸躲不过，反正也就这样了，不如好好干好当下的工作，以后想给你们干都没机会了。"于是，同事们又像从前一样，"B，把这个打出来，快点儿！""B，快把这个传出去！"，B 总是连声答应，手指飞快地点击着，辛勤地复印着，随叫随到，坚守着她的岗位，坚守着她的职责。后来，A 被裁员了，而 B 却被从裁员的名单中删除，留了下来。人事部主任当众宣布了老总的话："B 的岗位谁也无法代替，像 B 这样的员工公司永远也不会嫌多！"

为什么 A 走了，B 却留下了呢？

第二节　感　恩

一、感恩社会

（一）稳定的政治环境

稳定的政治环境为中国经济长期、稳定、高速的发展提供了坚强的后盾，为我们提供了安居乐业的条件。

（二）繁荣的经济环境

繁荣的经济环境让国家开始有财力建设覆盖全体国民的社会保障体系并提高了医疗、教育服务水平，免农业税，让大量贫困人口脱贫，广大人民群众老有所养、病有所医、幼有所教、困有所救。

（三）安全的生存环境

安全的生存环境使我们的人身安全、身心健康得到了保障，保证了下一代的健康成长。

（四）公用设施，便利你我

随着科学技术和经济实力的发展，公用设施日益完善，让我们可以锻炼身体、学习本领、服务社会、提高生活质量。

二、感恩学校、老师

每个人的青春时代几乎都是在学校里度过的，我们一生中很多重要的记忆，都与母校有关；老师是你通往知识殿堂的引路人，一个因为被你称之为"师"而甘愿身为孺子牛的人。

（一）感恩学校，爱校荣校

1. 感恩学校，让我们享受到教育公平

在学校里，每个学生都享受着平等的教育，学校对全体学生一视同仁，以学生的利益为上。

2. 感恩学校，为我们创造良好的学习条件

在学校里，我们享有安定的生活环境，享受先进的教学设备，使用丰富的学习资源，感受浓厚的育人氛围。而这一切的实现，与学校对学生的重视分不开，与每一位热爱工作、认真负责的员工分不开。

3. 感恩学校，我与学校共荣辱

学生个人的成长与成才，和学校休戚相关。作为学校的一分子，同学们应该要与学校共荣辱，时时事事处处想到学校和集体，为学校添彩，想到为集体争光，不做有辱学校声誉的事情。

（二）感恩师长，尊师重教

1. 感恩老师，他是我们成长的引路人

在《密契纳轶事》中有一段小故事。一天，美国总统约翰逊邀请128位社会各界名流到白宫赴宴，知名作家密契纳也在应邀之列。但是她婉言谢绝了，而且还修书一封："尊敬的总统阁下：我不能赴您的盛宴，是因为三天前我已经答应为中学时的一位老师送行，他曾经教我作文。少了我一人，对您来说并不重要，但对老师来说，很重要。密契纳敬上。"总统与老师哪个更重要？答案似乎不言而喻。

相信每个人的成长路上，都曾经有过一位良师。我们今天所取得的成就，与老师的谆谆教诲紧密关联。

2. 感恩老师，他用生命呵护我们成长

老师总是将知识毫无保留地传授给学生，他们倾尽毕生所学，引导学生进入知识的殿堂，在三尺讲台上挥汗如雨，是粉笔染白了他们的双鬓。

在汶川地震中涌现出无数最可爱的人民教师，比如谭千秋、王周明、汤鸿、向倩……他们是红烛，燃烧了自己，照亮了别人；他们是火种，点燃了学生的生的希望之火。

3. 感恩老师，最好的方式就是尊敬老师

同学们现在能做的，就是真正从心里感谢老师的付出。都说"一日为师，终身为父"，但如果心里没有对老师基本的尊重，你怎么能体会学习的乐趣？你怎么会认真听讲，按时上课，不违反课堂纪律？这一切的"应该"，都是在心存感激的基础上自然而发的行为。

三、感恩父母

在美国阿拉斯加州的一个小镇，一位老猎人为捕捉一只狼与其周旋了半月之久，但终未成功。这天黎明，猎人听见院外有凄凉但并不尖厉的狼嚎声，他推开院门时大吃一惊，与他周旋了半月之久的那只母狼就端坐在他院门前的雪地里。猎人迅速拿枪、瞄准，但他没有扣动扳机，因为他发现狼并未扑上来，也未逃窜，而是颤抖着身子，双目满含哀求地注视着他。猎人慢慢将枪口朝向地面。母狼似乎领悟到他已心有所动，这才站起身来，向前走去，边走边示意猎人跟着它。跑出五六里地，猎人听见了凄厉的哀嚎，随即看见一只幼狼正在他昨天布下的套夹上挣扎。原来那只母狼为了救出幼狼，竟不顾生命危险，求到猎人门上。老猎人双眼湿润了，他放了幼狼，并在幼狼受伤的前腿涂上自己随身带的创药。见猎人并无伤害她们母子俩的意图，母狼感激地望了猎人几眼，叼起幼狼消失在茫茫雪野之中。这位老猎人从此挂了枪，投奔他远在洛杉矶工作的儿子去了。母狼那伟大的母爱震撼了他。

撒哈拉沙漠中，母骆驼为了使即将渴死的小骆驼喝到够不着的水潭里的水，而纵身跳进潭中；老羚羊们为了使小羚羊们逃生而一个接一个跳向悬崖，因而能使小羚羊在它们即将下坠的刹那，以它们为跳板跳到对面的山头上去；一条鳝鱼在油锅中被煎时，为了保护腹中的鱼卵，始终弓起中间的部分。这就是动物的母爱！

人类的母爱更是伟大！贵州马林河一缆车突然落下，两岁半的男孩潘子浩被爸爸妈妈合力高高举起而活了下来，他的爸爸妈妈都摔死了。性命攸关的时刻，父母把生的希望留给了他！一个拂晓，一辆从成都开往南充的客车，在距南充市区十余公里处，从数十米高的悬崖上摔了下去。初步勘查表明，车上二十余人无一生还。突然，从车内传出婴儿的哭声。扒开尸体，发现是一个婴儿正躺在一位已经死去的年轻妇女怀里啼哭。这位妇女后来被证实是这个婴儿的母亲，当时她的双手成拱拢状紧紧地将婴儿护在怀里。在车下坠的过程中，母亲惊醒了，母爱的本能使她不是用双手抱住自己的头，而是用两条胳膊和胸脯构筑了一个安全的襁褓。

父母的爱是人世间最崇高、最无私的爱！当我们还很小的时候，是父母花很多的时间教我们用勺子、用筷子，教我们穿衣服、绑鞋带、扣扣子，回答我们各种各样的怪问题。我们一天天长大了……我们在家的时间越来越少，我们才注意到自己在慢慢长大，父母在慢慢变老。如果有一天，当他们站不稳、走不动了，我们会紧紧握住他们的手，陪他们慢慢地走，就像当年他们牵着我们一样……

总结大学生应承担的社会责任及以后的生活中如何去感恩社会、感恩父母、感恩老师等。

老吾老以及人之老，幼吾幼以及人之幼。——《孟子·梁惠王上》

【释义】在赡养孝敬自己的长辈时不应忘记其他与自己没有亲缘关系的老人。在抚养教育自己的小孩时不应忘记其他与自己没有血缘关系的小孩。

【解读】老吾老以及人之老，第一个"老"字是动词"赡养""孝敬"的意思，第二及第三个"老"字是名词"老人""长辈"的意思；幼吾幼以及人之幼，第一个"幼"字是动词"抚养""教育"的意思，第二及第三个"幼"字是名词"子女""小辈"的意思；两句中的"及"都有"推己及人"的意思。

第七章

职场技能

职场精英是职场上的佼佼者,是每个职业人内心期许的目标。对公司来说,职场精英是高潜力、高绩效的员工,是"二八"原则中的那20%,是公司最希望留住的人才。要想成为职场精英不仅要有符合人才的硬指标,还应具备表现突出的软实力。

课堂导读

《孙悟空——从个人奋斗失败到团队合作成功》

《西游记》中孙悟空的成长经历让人体会颇深。大家都知道,孙悟空有着一双火眼金睛,可以识破妖魔鬼怪、伪善、祸心;有着七十二般变化,能够随心所欲、克敌制胜;有着筋斗云,行动迅捷、统御全局;他的如意金箍棒所向披靡、无人可敌。可见在个人能力方面孙悟空无人能及。所以在花果山之时,其精力充沛、意志坚定、行动果决、野心勃勃,可谓天生的创业者。他有着强烈的改变世界的想法,在与天庭对抗时也无所畏惧,敢作敢为,在抗争中取得了一系列的成果。

即使是如此优秀的人物,在与一个庞大集团对抗的时候,也难逃失败的命运。其根本源自他自身桀骜不驯的性格和高傲自大、目中无人的自我认知。在被压于五指山下500年后,孙悟空开始了他漫漫的取经之路。虽然他屈服于一定的外力——"紧箍咒",但是也可以发现他在不知不觉中开始改变自己。在九九八十一难中,他始终都是目标坚定、行动快速、无畏困难、越挫越勇。在与人交流的过程中,学会了如何与人相处,懂得了与人建立一种互帮互助的人际关系;在战胜困难的过程中,不断战胜自我,不断融入团队。

在取经的过程中,孙悟空从希望以一己之力"改变世界",到认识团队合作的意义,它慢慢"改变自己",不断适应团队、融入团队,从而建立互帮互助的人际关系,最终在团队中取得成功。

第一节　商务讲话

就职以后最无法避免的是参加各类会议,还有诸如招投标、产品展示、培训、讨论等都避免不了发言,总结起来我们将其统称为商务讲话。

一、商务讲话的要素

商务讲话与其他类型演讲有着比较明显的区别,如群众大会或是政府工作会议中的发言基本都是单向沟通，采用的大多是较为正式、工整的书面形式的语言表达，一般不需要其他视听辅助技术的支持即可完成信息的传达。

而商务讲话则是双向沟通，更多的是口语化的表达方式，同时还需要一些视听辅助的技术支持才能够完成。可以说商务讲话不仅仅是你在说，而是需要你通过各种的表达技巧来保证观众能够理解并接受你的内容及观点。

表达技巧，一般来说可以是深入浅出、简洁易懂的语言，也就是口语化的演讲内容，以及各种可视化的辅助技术，目前较为流行的手段是短视频以及 PowerPoint（PPT）。

二、商务讲话的准备

（一）前期准备

1. 明确此次演讲的目的

明确此次讲话是介绍性、解释性还是说服性的，以方便选择演讲内容。

2. 分析听众

主要分析听众的组成，研究其文化背景、生活背景、职业、受教育程度、年龄、社会层次、兴趣爱好等。一般越深入越好，重点分析确定听众中最具影响力的人物，明确其期望是什么、可能提出的问题或疑虑是什么。

总之，你越能够分析透彻你的听众，就越能够有的放矢，在研究中有针对性地运用最为恰当的态度和语言来提高你的演讲成功率。

3. 自我定位

这其实是演讲中最为关键的一点，这里的自我定位其实是指演讲内容中必须反映出观众最希望我们所处的位置以及我们所用的身份和姿态。恰当的自我定位能够有效地拉近演讲者与听众的距离，能够让现场的气氛更加轻松和谐。

（二）结构与内容

演讲中，一个良好的开场白，就等于演讲成功了一半。开头的内容若能够激发听众的兴趣，那么之后所讲的内容则可以更加自如地发挥。同时身体语言在演讲中也是同样重要的，有些人当众讲话时会怯场，这从他们一上场的身体语言当中就可反映出来，比如手足无措、抓耳挠腮、眼睛不敢看听众等。如果出现这样的情况，那么对于演讲的影响是致命的，不仅会使演讲者方寸大乱，也会让听众对演讲内容失去兴趣，对听完演讲的信心也大打折扣。因此，出色的讲话者都会十分注重讲话开头时的身体语言。

（三）常用的商务讲话结构

1. 第一种讲话结构——通用结构

（1）问候（必要时做自我介绍）。

（2）交代讲话的时间长短。

（3）说明讲话目的。

（4）列出内容提要。

（5）声明听众可以提问的时间。

步骤顺序并不严格，但都很有必要。

2. 第二种讲话结构——适用于业务报告

（1）现状介绍：业绩状况、市场形势、财务状况等，通常用图表说明。

（2）对现状的分析。
（3）拥有的优势。
（4）面临的挑战。
（5）建议。
（6）所需资源。
（7）行动计划。

3. 第三种讲话结构——适用于销售展示

（1）客户的具体问题。
（2）我们的解决方案。
（3）这些解决方案的好处。
（4）具体方法和时限。
（5）对客户方的期望和要求。
（6）我们的资信，包括第三方见证资料。

（四）环境准备

演讲前，应该对演讲的现场环境进行考察，尽可能提前到场，仔细勘察演讲场地，看看空间大小如何，是否舒适，与听众距离如何，是否方便交流，光线是否充足适宜，辅助设备是否能够正常运转，这些都直接关系到听众对你的第一印象。如果此时有听众已经到场，那么可以与其先行适度的交流，在交谈时掌握技巧，尽可能地多了解其性格特点以及对演讲的期待等有价值的信息，从而能够在演讲时更有针对性。

（五）仪表、着装

商务演讲属于较为正式的场合，对于演讲者的着装和仪表都有较高的要求，通常需要较为职业化且符合本单位企业文化要求以及多数听众的文化习惯，尽量以自身的仪表、着装等来拉近演讲者与听众的距离。

三、答疑技巧

在答疑时要简明扼要，不做太多赘述，可按先主后次的顺序来回答问题。回答问题的时间应尽可能进行控制，不宜过长，也不宜过短。如果遇到重复的提问，不要抱怨和责怪听众没有认真听讲，而是应该换一个角度去解答问题。

对于一些无法解答的问题亦可直接答复自己暂时无法解答，但是要在可行的条件下告知提问者一些解决问题的线索。

四、消除异议技巧

消除异议的最有效方法就是不让异议发生，但要达到此目的则需要细致、深刻地去了解听众对你演讲内容的期待与需求，同时在演讲过程中保持谦逊、平和的态度。

通常情况下异议无法完全避免，基本上是来自听众的误解和怀疑，抑或是演讲者演讲的内容无法满足听众的好奇心。

所以，演讲者应该对听众异议表现出理解与宽容的态度，要采用客观、平和的心态和做法，提供充分的证据去消解疑虑。

课堂思考

你工作中会做哪种类型的商务讲话？采用哪种讲话结构比较合理？

第二节　团队合作

团队合作是指具有共同信念、共同目标的人有组织地集合于特定的团队中相互支持、共同奋斗。在团队合作中，成员信念坚定，能够自觉遵守团队制度，自觉自愿地为团队奉献，那么团队必将拥有强大、持久、可持续的力量。

一、团队合作的基础

（一）建立信任

团队的凝聚力以及高效的工作都源自成员之间的相互信任，这是团队建设的基础，同时也是最为重要的部分。

所谓信任，有多重解释。在管理学中，信任就是宁可使自己的弱点暴露于风险的环境中，也相信对方不会损害自己利益的信念。一个有凝聚力、高效的团队其成员能够平和地承认自己的缺陷、错误和失败，也能接受其他团队成员的缺陷、错误、失败及求助。

（二）良性的冲突

团队成员中的冲突一直被认为是破坏其建设发展的洪水猛兽，对于管理者来说，冲突会使得团队中部分成员受到伤害，从而形成一些各自行动的小团体，这会使管理者失去对团队的整体控制。所以，大部分的管理者都会采取各种各样的措施、制度来遏制或避免团队冲突的产生。但这样会扼杀很多具有建设性的冲突和意见，会将一些潜在的重大问题遮掩起来。

所以，在问题面前 CEO 要引导和鼓励各成员各抒己见，从而获得一些适合当下实行、具有建设性的意见。这是团队建设中不可避免的一道环节，否则一个团队的发展、成长很难实现。

（三）坚定不移的行动

机会只会留给有准备的人，管理者的决策能力是团队发展的重要因素。一个具有凝聚力的团队，应有统一的信念和目标来作为行动指南。团队管理者必须能在复杂、迷茫、没有详细信息、没有统一意见的情况下做出有利于团队发展的决策。

（四）相互之间留有空间

优秀的团队成员是不需要时刻提醒也会全力以赴完成相关的工作的，因为他们清楚自己的职责所在，知道自己应该做什么。同时成员之间还会彼此提醒，避免成员之间做出那些无意义的行为。

相反，失败的团队一般是不能接受成员自主行动，而是必须向领导汇报；更为恶劣的是，成员之间可能互相不信任甚至背后说闲话，这样会影响整个团队的士气，降低工作效率。

二、团队合作的原则

（一）平等友善

团队成员相处的第一原则就是平等友善。无论资深老员工也好，新入员工也罢，都不应该认为自己与众不同，不应该认为自己拥有与他人不同等的待遇，无论是自大还是自卑都是团队内成员关系的大忌。

在工作中无论你能力多强，即使你可以通过个人的力量解决某一项工作，也不能过于骄狂。要知道在未来的工作中，你不见得可以一直靠自己完成一切，而需要与他人一起合作。

（二）善于交流

在一个团队里，其成员可能来自五湖四海，同事与同事之间必然会存在很多差异。有受教育方面的，有民族习俗方面的，有工作经历方面的，这造成我们在对待工作中的人与事的时候产生不同的想法。这个时候，良好的交流沟通就成了必不可少的过程，把自己所想的以合适的语言表达出来，同时认真地倾听，能有效地解决面临的问题。

（三）谦虚谨慎

法国人罗西法曾有句非常有名的哲言："如果你要得到仇人，就表现得比你的仇人优越；如果你要得到朋友，就要让你的朋友表现得比你优越。"

上面这话运用到团队建设中，可以这么理解：当团队让其成员表现更加优秀时，成员就能够获得被肯定的满足感；当团队整体表现比他们出色时，其成员则会产生自卑感，甚至会产生逆反情绪。因为每个人在潜意识都会维护自己的尊严和形象。所以作为团队的一分子，必须要懂得谦虚。

（四）化解矛盾

团队中每个成员都是独立个体，思维方式都各有不同。所以，成员之间存在一些小摩擦、小隔阂，都是非常正常的事情。但我们应该尽量消解这种"小摩擦、小隔阂"，而不是任其发展成"大对立"。在团队中，成员之间应该对对方的行动和成就表现出真诚的关心，用尊重与欣赏的方式表达自己的想法，这就是化解矛盾、消除对立的重要纽带。

（五）接受批评

犯错了就应该诚心接受批评，并从批评中找到自己改进的方向。如果某些成员总是抓住你的错误不放，并用带有强烈感情色彩的语言大肆抨击，那么与其争论不休是解决不了问题的，而是需要从他们的抨击中寻找积极的部分。只有这样，才能不断帮助我们修正自己的错误，还能避免与其他成员发生言语上的冲突。

课堂思考

团队合作中最重要的因素是什么？

第三节　工作中的人际沟通

工作中，尤其是同一团队中，沟通交流是非常重要的。较强的沟通能力能够营建一个良好的人脉关系，为个人的职场生涯增添光彩。那么在职场中如何与他人沟通？沟通中应掌握什么技巧？

一、讲出来

大胆而清晰地表明自己内心的想法，在沟通中显得尤为重要。但是，在受到批评时要能够保持克制，不恶语相向，不与之争吵，以平常心处之，否则会使事情恶化。

二、互相尊重

相互尊重是沟通成功的重要前提，倘若对方在沟通中不尊重你，那要表达出希望别人能够尊重你的意思。无论如何，你尊重他人，也会得到他人的尊重。

三、不说不该说的话

说错话，有时候代价很小，有时候却需要花费很大的精力和代价去弥补，可谓"一言既出，驷马难追""病从口入，祸从口出"，很多时候信口雌黄，可能造成难以弥补的遗憾。

四、不要带着情绪沟通

带有情绪的沟通往往是理不清、讲不明的，容易冲动，容易失去理智而说出一些无法原谅的话，让事情无法挽回，令人后悔。

五、不理性不要沟通

不理性只有争执的份，不会有结果，更不可能有好结果，所以，这种沟通无济于事。

六、承认错误

人无完人，是人就会犯错，在沟通中也是一样。所以在自己说错话、做错事的时候，如果不想让事态恶化造成无法弥补的伤害，一句"我错了"可能是最好的解决办法了。

敢于承认错误是化解人与人之间沟通问题的不二良药。这不仅仅可以勾销新仇旧恨、化解人际关系中的死结，还能让人豁然开朗，放下心理芥蒂，重新面对自己、面对他人，重新思考与他人的关系。

七、等待转机

沟通中如果没有转机，就要等待，急只会治丝益棼。当然，也不要空等待，成果不会从天上掉下来，还是要通过我们自己的努力才能实现。

课后延伸

职场高手必备的技能有哪些？

经典诵读

1. "不迁怒，不贰过。"——《论语·雍也》

【释义】自己有什么烦恼和愤怒不发泄到别人身上去，不要犯同样的错误。

【解读】孔子把"不迁怒，不贰过"作为好学的主要表现。一个真正好学的人，应该虚怀若谷。一旦发现自己的过失，不管别人是善意批评，还是所谓恶意嘲讽，他都不会迁怒于人，更不会为自己的错误找许多理由。不仅用这种态度来对待业务知识方面的某种缺陷，而且更坚持用这种精神来加强自己的人格修养。这样"不迁怒，不贰过"，时时注意修正自己，完善自己，恐怕也正是孔子一生孜孜不倦追求的完美境界。

2. "责人之心责己，恕己之心恕人。"——《增广贤文》

【释义】责：要求。恕：宽恕，体谅。用苛求和责备别人的心来要求、反省自己；用宽恕、体谅自己的心去宽容体谅别人。

【解读】这句话是说，批评别人时应想想自己做得是否够好，宽恕自己的时候也应想想对别人不能太苛刻。正所谓"将心比心"，一味地恕己责人，只会让自己不思进取、蛮横无理。常责己，就会发觉有很多事并不像自己想象的那样，于是加以修正；多恕人，退一步海阔天空，给别人，也给自己一个机会。其实只要多站在别人的角度上看问题，多考虑别人的想法，这样就不会太主观、偏颇，而且也可以免去诸多误会。己所不欲、勿施于人，如果能做到这样的话，可以算得上是真正的君子了。

3. "和以处众，宽以接下，恕以待人，君子人也。"——林逋《省心录》

【释义】对待民众要和气，对待下属要厚道，对待别人要宽容，这样的人才是君子。这说的是君子的为人处世之道。

【解读】这种宽厚和气的待人接物态度，可以批判地借鉴，用来处理现实生活中的人际关系。

第八章

企业伦理

20世纪80年代以来,企业伦理的研究和实践在许多国家展开,管理与伦理结合已成为现代企业管理的发展趋势,企业伦理在企业管理中逐渐起着核心和主导的作用。因此,企业伦理学既是一门应用性的规范伦理学学科,又是在工商管理领域发展起来的一门管理学科。

课堂导读

近年来,在伊利的带动下,已经有500万奶农走上了致富路。由于多年来对推动社会和谐进步所做出的突出贡献,伊利集团被国家权威机构评为"中国十大贡献企业",这是中国唯一一家获此殊荣的乳业企业。在领跑市场的同时,伊利也充分体现出了作为乳业龙头的责任感。自2005年起,伊利连续3次获得"中国最佳公民"大奖。2005年以来,伊利集团与呼和浩特市二十六中合办成立了两届"伊利宏志班",共出资40万元用于解决60名品学兼优的贫困学子初中三年的所有学杂费用。"伊利宏志班"是国内首家由企业出资赞助的"班"。伊利还出资帮助贫困大学生。伊利集团以实际行动给了那些贫困的孩子和家庭一张改变命运的"网"。伊利集团不仅在硬件设施上予以了很大的援助,更重要的是,还将定期开展各项技能培训、科普知识教育、团建工作等丰富多彩的主题活动,从根本上提高农村青年的致富能力和帮助他们树立正确的价值观。伊利就是希望通过"授人以渔"的扶志行为,来让农村青年努力掌握致富本领,主动获取致富信息,进而以自己的智慧和劳动实现根本上的脱贫致富。2008年5月12日的汶川地震是继年初冰雪冻灾之后,中华大地上面临的又一场天灾。在这场突如其来的灾难面前,伊利第一时间启动了企业社会责任应急预案。伊利以"早送一包牛奶 多添一份希望"为题向全体员工发布《抗震救灾动员令》,号召各地工厂紧急调配大量乳品送到灾区,还迅速成立了紧急救援队,直接奔赴灾区为受灾民众提供救援物资。

一个企业的存在,绝对不能仅仅以赚钱为唯一目标。除了赚钱之外,企业还应该服务社会、创造文化、提供就业机会、把高质量的产品和服务以最低的价格提供给消费者。这些都是企业应该具有的目标,也可以说是企业的使命。一个企业如果从管理层到普通员工都能形成这样的责任感,那么这个企业最终一定会有大的发展。作为社会的一员,所有的行为都要对社会和国家负责,这是最起码的准则。同时,一个人还要对自己负责,对家庭负责,对工作负责,对企业负责,最终企业也要对社会负责,从而形成企业的社会责任感。

第一节　企业伦理概述

一、企业伦理的含义

企业伦理学的英文名称是"Business Ethics",是近40多年才兴起的一门新的交叉学科。20世纪50年代末60年代初,欧美等国在经济迅速发展、取得巨大成就的同时,也出现了许多社会问题,如环境污染、行贿受贿、规定垄断价格、欺诈交易、不平等对待或歧视员工等,这些行为唤起了社会对企业伦理的关注。企业在追求经济利益过程中因道德缺失问题带来的严重社会后果直接影响了企业伦理学的产生和发展。1974年11月,美国堪萨斯大学召开第一届企业伦理学讨论会,此次会议被认为是企业伦理学诞生的标志,也意味着企业的伦理问题已经严重影响了世界经济的稳步发展。

企业伦理即企业的道德,是企业经营本身的伦理,是完善企业与员工、客户、股东及社会之间关系的行为规范,也即"企业从事活动时应遵守的道德原则和规范"。美籍华裔学者成中英先生认为企业伦理是指"任何商业团体或生产机构以合法手段从事营利时,所应遵循的伦理规则"。

二、企业伦理的作用

(一) 企业伦理为企业的发展提供有力的精神动力和智力支持

企业伦理在企业的发展过程中发挥着不可估量的作用,为企业的发展提供了无穷的精神动力和智力支持。企业伦理通过企业战略理想、企业的志向抱负、企业的社会责任感,反映出道德追求的境界。企业伦理武装了企业家,并变成了企业家的自觉行动,这样就会激发创业精神、敬业精神、开拓精神,使企业克服困难,从而走向兴盛。一个企业的发展,既需要企业本身的繁荣发展,也需要包括企业伦理在内的精神文明建设的同步发展。加强企业伦理建设是当今时代的要求,也是企业繁荣发展的有力保障。

(二) 企业伦理是提升企业核心竞争力的关键

企业伦理是影响和塑造企业核心竞争力的因素之一,达夫特认为:"伦理是在何为正确何为错误的角度上规制个人或团体有关行为道德准则和价值原则"。企业以合法的营利方式追求利益,遵循一定的伦理道德原则,这种企业伦理追求可以激励企业员工的工作热情和创新力,增强企业内部的向心力和凝聚力,优化企业内部资源的配置,从而创造出巨大的经济效益和社会效益,提升企业的核心竞争力。

(三) 企业伦理是保证企业自身竞争优势的保证

企业的成功依靠企业自身的努力和竞争优势,但是企业伦理是企业成功的重要保证,是企业核心竞争力的重要因素。一个企业遵循什么样的伦理原则,最终将影响到企业本身的长期竞争优势。因此,企业伦理是企业履行与利益相关者长期隐含契约性的内在要求。随着企业的进步和发展,只有不断加强企业伦理建设,维护市场经济的正常秩序,保持良性竞争,遏制恶性竞争,才能有助于实现企业的可持续发展。

（四）企业伦理是企业树立良好形象的保障

企业伦理是企业文明进步发展的重要标志，是企业的一种无形资产，是取得广大消费者信任的伦理基石，是树立良好形象的源泉，是实现企业经济效益和社会效益双赢的伦理保障。企业在经营过程中只有始终坚守伦理道德、勇挑社会重担，始终遵守自愿、平等、公正、诚实、信用的原则，才能不断获得社会大众的信任，不断提升企业自身的知名度，最终树立良好的企业形象。

三、企业伦理的经济社会背景

（一）竞争加剧导致管理伦理的发展

一方面，科学技术的发展既导致了产品间的差异化，又带来了产品总体优势差异的缩小化、趋同化，使企业把竞争焦点集中在产品以外的服务上，众多的企业家和管理学家意识到服务制胜的时代已经来临，必须以一种新的、共同的伦理道德价值观与之相适应；另一方面，消费者运动、环境保护运动和工会运动的发展，也促使企业从重视组织、制度、控制、规范、物流等"硬件"管理向公共关系、企业文化、行为心理、价值观念、伦理道德等"软件"管理转移，出现了人文化、伦理化、情意化管理的趋势，管理伦理、企业伦理在西方国家飞速发展，企业纷纷将管理伦理融入企业管理决策与战略之中。

（二）买方市场的出现促使企业重视与消费者的伦理问题

企业不仅要重视产品、质量、包装、安全等产品伦理，更要重视价格欺诈、价格垄断、暴利行为等定价中的伦理问题；不仅要重视分销伦理，更要重视促销中的伦理问题；不仅要特别重视广告中的伦理问题，也要重视人员推销中的伦理问题；不仅要重视公共宣传中的伦理问题，更要重视服务中的伦理问题。

（三）员工地位与需求变化，促使企业更加重视伦理的发展

人们对职业生涯的追求不再局限于劳动报酬，更追求工作成就感、满意感及自我实现，这就要求企业更加重视伦理管理，更充分尊重职工的自尊心、敬业精神和创新精神，满足职工自我实现、自我成就的需求，培养统一的伦理价值观。

（四）法律环境的完善，促使企业特别重视法治伦理，切忌违法乱纪

 课堂思考

上海农药厂"瞒报除草剂泄漏事件"

2008年9月15日21时40分，上海农药厂有限公司发生除草剂泄漏事故，造成杨浦、虹口、闸北等城区有较大范围的刺激性气体蔓延，在社会上引起较大反响。经调查，这是一起因上海农药厂有限公司存在设备设施安全隐患、安全管理制度和操作规程不健全、设备管理不到位、安全投入不足、职工违章操作等因素，引发除草剂泄漏的生产安全责任事故，进而导致环境污染的事件。上海农药厂有限公司在事故发生后未向政府相关监督管理部门报告，而且在市相关部门上门核查时，未如实反映事故情况，影响了政府相关部门核查处置和信息公开的效率，以致在市民中引起了猜疑和恐慌，造成了恶劣影响。事发后，上海市政府责成有关方面对14名相关人员进行了责任追究，并由市环保部门给予上海农药厂有限公司

经济处罚。

思考：结合案例分析，企业社会责任伦理何在？

第二节　企业伦理关系主体

处理好企业与员工、股东、客户等主体的伦理关系，建立并维系合理、和谐的市场经济秩序，一方面是企业保证自身竞争优势的必要措施，另一方面是社会发展的内在要求。

一、企业与员工间的劳资伦理

企业恪守劳资伦理规范，才能真正实现劳资之间的合作共赢，企业才能在市场竞争中立于不败之地。

（1）资方对员工进行伦理关怀——尊重、关心、平等，善待员工，这样，可以使员工感到生活、工作具有稳定性，感到企业的温暖和个人的价值得到尊重，对事业和前途有信心，激发他们的积极性、主动性和创造性，进而从根本上增强企业的凝聚力、向心力和效益。

（2）对于员工而言，同样应遵守特定的职业伦理规范，做到以勤勉、忠实、敬业、遵纪、守法、团队、协作等为自己的行为指引。作为能够通过自己的能力、学历、学识、技能、品行等获得工作岗位的劳动者，相比于相当一部分谋职业和没有获得工作岗位的群体而言，乃是劳动力市场竞争中的成功者。员工在职场生涯中，应该自强、自律、自信、自爱，忠实维护本单位的声誉和利益，与同事保持良好沟通与协作关系，忠于职守，勤勉工作，以自己的诚实勤劳和忠诚付出获得自己的薪资、晋升和发展空间。

二、企业与股东间的股东伦理

股东作为企业的所有者，是企业的重要利益相关者。股东伦理直接影响企业的整体经营管理活动，从而对企业的治理伦理产生影响。

（1）从根本上讲，股东的利益与公司利益是一致的，只有企业兴旺发达才能给股东带来更多的利益。股东建立企业的最原始动机之一就是追求尽可能多的利益，也正是这种对利益的追求，决定了企业是一个营利性组织，而非社会公共福利机构，从而客观上推动了公司的成长壮大，为社会积累财富，推动了经济的发展和社会的进步。

（2）企业本质上是利益相关者缔结的一组合约，有股东投入的物质资产，也有职工投入的人力资产以及债权形成的资产等。按照谁贡献谁受益的原则，这些产权主体都有权参与公司"剩余"分配。

（3）股东的伦理观对企业伦理的影响。企业文化是企业的核心内容，其形成取决于众多影响因素，而股东的伦理观在企业文化的形成过程中起到核心作用。一方面，股东通过行为表率和信念传输产生巨大的带动效应，引导企业文化的发展方向；另一方面，通过对公司重大经营活动的管理及对公司经营方向的选择，促使企业文化与股东伦理观相一致。由于企业文化对公司治理伦理具有决定作用，因此股东作为企业文化的倡导者，对治理伦理具有重要影响。

松下电器创立之初,松下幸之助先生明确提出松下电器的目标是促进整个公司的成长及增进社会福利,并进一步致力于世界文化的发展,制定了"企业是社会的公器""通过生产和销售活动力求改善和提高社会生活水平,为了世界文化的发展做出贡献"的经营理念与纲领。在他的带动下,松下电器始终秉承这一经营理念,经过几代人的努力,成为受尊敬的企业公民。

三、企业与客户间的客户伦理

企业掌握信息主动权而顾客是信息被动权,信息不对称恰恰是交易活动中产生不道德行为的原因。例如交易过程中的弄虚作假、以次充好、产假造假、哄抬物价、缺斤少两等都是占有信息优势的商业企业有意识的败德行为。企业在向顾客提供产品和服务的同时,有权要求顾客按交易合同如期如数交付货款及有关费用。顾客在付出一定货币和实物代价后,有权要求获得价值相当的产品和服务。

(一)顾客的权利和要求

1. 权利

(1)安全权。顾客在购买、使用商品和接受服务时享有人身、财产安全不受伤害的权利。

(2)知情权、获知权、监督权。有权要求企业提供产品的真实资料。如生产日期、产品质量、保质期、使用说明、服务等。

(3)选择权。《反不正当竞争法》也做了相应规定。

(4)公平交易权。包括拒绝强买强卖、强制搭售等。

(5)受尊重权。人格尊严和民族风俗习惯受到尊重的权利。

(6)求偿权。

2. 要求

(1)产品的使用过程(例如,燃气热水器、空调安装过程中出现的问题)。

(2)合格率,不合格的危害性。

(二)企业的各项义务

(1)履行有关法律法规。

(2)满足顾客的安全权、知情权、监督权、受尊重权等的义务。

(3)标明真实名称和标记。

(4)保证商品与服务质量。

(5)履约。包括:国家法规要求,与消费者的约定,包修、包换、包退等。

四、同行业间企业的竞争伦理

(一)公平竞争

公平竞争是竞争伦理的基本原则,首先要求规则的公平,即市场要为参与竞争的不同企业提供公平的政策、条件和环境,使得这些企业能够站在相同的起跑线上;更重要的是要保证结果的公平,这里结果的公平不是说相互竞争的企业获得相同的结果,而是指公平的规则要有内部效度,使得优者胜、劣者汰,体现出不同经营效果的差异。

(二)诚信戒欺

诚信戒欺是竞争伦理的灵魂,要求企业一是要对顾客诚信戒欺,向顾客提供货真价实的产品或服务；二是要求企业对社会包括竞争对手诚信戒欺，比如依法披露有关企业的真实信息等。

（三）平等自愿

平等自愿是竞争伦理的根本原则，即企业可以平等地参与市场竞争，根据自身利益作出合理决策。平等自愿要求企业不能以违法或者不道德的方式干涉其他企业的经营自主权，强迫其他企业作出违背自身意志的决策和行为。

（四）互惠互利

互惠互利既是竞争伦理的内在要求，又是竞争伦理的必然结果。企业参与市场竞争要有互惠互利的双赢思维，这样我们会建立更为和谐的市场环境，而和谐的市场环境又会反馈给大家更多的利益。

（五）其他公认的商业道德

其他公认的商业道德是指在我国长期的市场活动中形成的商业惯例和行为规范，如"生意不成情意在"等，这些商业道德不仅是传统文化中的宝藏，对于今天也有很积极的现实意义。

上海的 A 女士日前赴香港自由行，其在香港尖沙咀 LV 专柜购置了一个价值不菲的正品 LV 包包，专柜写明"商品如非质量问题，恕不退换"。没想到好景不长，回到上海之后 A 女士发现心爱的包包经常流出黑色液体导致衣物污损，A 女士遂赶赴上海南京西路 LV 专柜讨说法。到店后 A 女士用所接触到的消费者保护法律知识与店员据理力争，最后柜员经过检测，告知 A 女士这批包包的质量确实存在问题，只能在南方的冬天或北方使用。

请分析此案例中涉及的企业伦理主体。

炮制虽繁必不敢省人工，品味虽贵必不敢减物力。修合无人见，存心有天知。

——《乐氏世代祖传丸散膏丹下料配方》序言

【释义】制作工序虽然烦琐但不敢节省人工，材料虽然贵但不敢偷工减料。在无人监管的情况下，做事不要违背良心，不要见利忘义，因为你所做的一切，上天是知道的。

【解读】"炮制虽繁必不敢省人工，品味虽贵必不敢减物力"是同仁堂人的承诺，"修合无人见，存心有天知"是同仁堂人的良心。历代同仁堂人恪守"炮制虽繁必不敢省人工，品味虽贵必不敢减物力"的传统古训，树立"修合无人见，存心有天知"的自律意识，确保了同仁堂金字招牌的长盛不衰。

实践经验篇

第九章

职业道德

第一节 道德与职业道德

职业道德,是大学生从事未来职业活动所必需的。大学生不仅需要有专业知识的学习和储备,专业技能的锻炼和提高,还需要有意识地、认真地培养和提高自己的职业道德素质。结合当今社会发展的需要,要着重培养大学生形成一种正确的态度,让大学生在实际的工作中能够做到不骄不躁,认真负责,通过内在素质的提升引导自己在工作中采用正确的态度和方式解决相关职业问题。

课堂导读

以"济世养生"为宗旨的北京同仁堂创建于清康熙八年(1669年),由于其产品"配方独特、选料上乘、工艺精湛、疗效显著",自雍正元年(1723年)起,同仁堂正式供奉清皇宫御药房用药,历经八代皇帝,长达近二百年。

老一辈创业者不敢有丝毫懈怠,终于造就了同仁堂人在制药过程中小心谨慎、精益求精的企业精神。在300多年的历史长河中,历代同仁堂人树立"修合无人见,存心有天知"的自律意识,确保了"同仁堂"这一金字招牌的长盛不衰。有一次,当经销商在广告中擅自增加并夸大某种产品的药效时,同仁堂郑重登报予以纠正并向消费者道歉。

同仁堂品牌作为中国第一个驰名商标,享誉海外。目前,同仁堂商标已经受到国际组织的保护,在世界50多个国家和地区办理了注册登记手续,成为拥有境内、境外两家上市公司的国际知名企业。

一、道德

(一)道德的含义

道德是由一定的经济关系决定的,依靠社会舆论、传统伦理习俗和人们内心信念来维系的,表现为善恶的社会意识和行为规范的总和。

道德是人类区别于其他动物的一个重要标志,是调整人与人之间、个人与社会之间以及人与自然之间关系的特殊行为规范的总和。根据表现形式,通常我们把道德分为家庭道德、社会道德和职业道德三大领域。

（二）道德与法律的关系

1. 道德规范与法律规范的关系的表现

道德调节和法律调节是管理国家社会生活的两种重要手段。

2. 道德能够弥补法律调节的不足

（1）在调节范围上，道德的适用范围广，法律的适用范围相对窄。

（2）在调节主体上，法律代表着国家意志，通过国家司法部门强制执行；而道德主要靠社会舆论、风俗和人们的良心来指导和约束人们的行为。显然，道德调节的主体比法律广泛。

（3）在调节方式上，法律调节具有强制性、滞后性特点，而道德调节具有明显的自觉性、事前性特点。

（三）道德评价

道德评价具有扩散性和持久性的特点。作为一种意识形态，在不同时期有不同的内容，针对不同的人群，道德教育的内容也不同。古希腊时期，德谟克利特提出："用鼓励和说服的言语来造就一个人的道德，显然比用法律和约束更能成功。"苏霍姆林斯基指出："道德是照亮全面发展的一切方面的光源。"

二、职业道德

恩格斯指出，在社会生活中，"实际上，每一个阶级，甚至每一个行业，都各有各的道德"。这里说的每一个行业的道德，就是指的职业道德。职业是责任、权力和利益的有机统一。职业道德是从事一定职业的人们在职业活动中应该遵循的，依靠社会舆论、传统习惯和内心信念来维持的行为规范的总和。党的十九大报告提出："要深入实施公民道德建设工程，推进社会公德、职业道德、家庭美德、个人品德建设，激励人们向上向善、孝老爱亲，忠于祖国、忠于人民。"

（一）职业道德的基本要素

最基本的职业道德要素包括职业理想、职业态度、职业义务、职业纪律、职业良心、职业荣誉、职业作风。

（二）职业道德的特征

（1）鲜明的行业性。

（2）适用范围上的有限性。

（3）表现形式的多样性。

（4）一定的强制性。

（5）相对稳定性。

（6）利益相关性。

三、职业道德的社会功用

在功用上，职业道德一方面使一定社会或阶级的道德原则和规范职业化；另一方面又使个人道德品格成熟化。

（一）职业道德的具体功能

（1）导向功能。导向功能是指职业道德具有引导职业活动方向的效用。职业道德的导向功能主要从三个方面对从业人员加以引导：职业理想与社会发展目标相统一、个人追求与企业发展战略相统一、岗位职责要求与职业道德相统一。

（2）规范功能。规范功能是指职业道德具有促进从业活动规范化和标准化的效用，通过岗位责任的总体规定和具体的操作规程及违规处罚规则对从业人员的行为进行约束。

（3）整合功能。企事业的"硬性"要求是职业伦理的底线。"柔性"整合，是指通过职业道德精神的有效应用，凝聚力量，鼓舞士气，增强战斗力。

（4）激励功能。激励功能是指职业道德能够激发从业人员产生内在动力的效用。激励的功能通过职业理想、榜样示范和奖惩机制来实现。

（二）职业道德的社会作用

（1）有利于调整职业利益关系，维护社会生产和生活秩序。

（2）有助于提高人们的社会道德水平，促进良好社会风尚的形成。

（3）有利于完善人格，促进人的全面发展。

课堂思考

浅谈职业道德的社会意义。

第二节　工匠精神

随着生产力的快速发展，工匠精神的价值取向一直延续着。作为祖国未来希望的大学生、青年人，工匠精神对其成长成才有很重要的意义。工匠精神，是我们对职业的一种追求，具体包含对职业的专注，认真与负责，这是国家对即将步入社会的大学生的基本要求。

一、工匠精神的含义

工匠在古代一般指从事手工业的匠人，如铁匠、木匠、砖匠等，他们都掌握了一门手工技艺并赖此谋生；在现代则泛指生产一线手工操作、具体制作的工人、技师和工程师等。工匠精神就是工匠们在手工产品设计、技艺、制作、质量要求中追求精益求精的精神，是一种职业精神，它是职业道德、职业能力、职业品质的体现，是从业者的一种职业价值取向和行为表现。

二、工匠精神的特征

（一）敬业

敬业是对从业者的基本要求，从业者对所从事的职业要有敬畏和热爱之心，要有全心全力、恪尽职守的职业精神状态。

【案例】

电焊工世界冠军——曾正超毕业于四川攀枝花技师学院焊接技术专业，现就职于中国十九冶集团，并担任攀枝花技师学院助教，焊工高级技师，中冶集团"首席技师"、中国工程建设焊接协会高级技师，年仅20岁的他，是四川省最年轻的劳模。2015年8月作为十九冶集团有限公司职工，代表中国出战在巴西圣保罗举行的第43届世界技能大赛。曾正超不畏强手，在这一被誉为国际技能界"奥林匹克"的比赛中一举夺得焊接项目金牌，为中国实现了该项赛事金牌"零"的突破。他在集训的时间里，几乎每天都要集中训练12~14个小时。训练期间认真琢磨教练教导的操作手法，注重每一个细节，努力将教练指导的操作动作变成自身的操作习惯，不断固化自己的操作认知，在每一次看似简单的重复练习中寻找新收获。在冬天训练中，往往前面是高温焊花，背后是刺骨寒风。焊接试件堆成了一座小山，他的左手臂上留下了几十处被高温烫伤的疤痕。最终功夫不负有心人，曾正超技压世界各国高手，赢得焊接项目金牌。

（二）精益求精

精益求精、追求极致是工匠精神的核心体现。从业者对待产品的每道工序都凝神聚力、严格要求，只为保证上乘的质量。这种精益求精的精神也是现代企业永葆生命力的重要保证。

【案例】

"德国制造"大器晚成，成为耐用、可靠、安全和精确的代名词，也成为宣传国家形象的金字招牌。凭借扎实稳健的制造业，德国在金融危机中挺立潮头，欧洲各国唯其马首是瞻，就连早已弃实业、投金融的英国也只能望洋兴叹。回顾"德国制造"百年跌宕起伏，恰恰印证了顶级刀具品牌双立人的"让双立人成为全世界高品质的代表"的追求。正是这种百年磨一剑的工匠精神，才缔造了德国独一无二的成功道路。德国双立人公司创建于1731年，满怀卓越的创造精神，彼得·亨克斯先生将双立人标志载入了德国索林根刀具制造业名册。多年来双立人一直在研究钢材材料加工的最佳方式，最终研制出了一种专利名为FRIODYR的特殊冷锻加工工艺。经其处理的刀不仅能保持刀刃特别锋利，而且抗腐蚀能力极强。

（三）专注

专注是"大国工匠"的必备特征。工匠精神意味着执着、笃定、坚韧，是术业有专攻的坚定信念，能够在一个行业里心无旁骛地积累知识、提升技能，最终成为行业领域的佼佼者，成为社会发展的推动力量。

【案例】

2015年10月5日，屠呦呦因开创性地从中草药中分离出青蒿素应用于疟疾治疗而获得当年的诺贝尔医学奖。这是在中国本土进行的科学研究首次获得诺贝尔奖。1969年，中药研究所开始抗疟中药研究，39岁的屠呦呦担任该项目的组长。经过两年的研究对象筛选，并受到中国古代药典《肘后备急方》的启发，项目组将重点放在了对青蒿的研究上。1971年，在失败了190次之后，项目组终于通过低温提取、乙醚冷浸等方法，成功提取出青蒿素，并在接下来的反复试验中得出了青蒿素对疟疾抑制率达到100%的结果。在没有先进实验设备、科研条件艰苦的情况下，屠呦呦带领着团队攻坚克难，面对失败不退缩，终于胜利完成科研任务。据统计，至2015年，青蒿素已使超过600万人逃离疟疾的魔掌。未来，屠呦呦希望通过研究，让青蒿素应用于更多地方，为更多人带来福音。

（四）创新

工匠精神还包含着勇于突破、变革更新的创新意识。古往今来，科技进步离不开工匠们的发明精神，中国古代的四大发明，工业革命时代的蒸汽机、灯泡、飞机，等等，都是因为创新力量的推动，才使得社会发生了翻天覆地的变化。

【案例】

鲁班在工程实践中善于创新创业，发明了鲁班尺（简称尺，也叫曲尺或矩）、墨斗、刨、锯、凿、铲、斧等木工工具，创造了门、窗、床、桌、雨伞、木马、木车等生活用品，建造出殿、阁、桥、亭等建筑，制作出攻城用的云梯和作战用的钩强、攻城锤等军事器械，鲁班因此被视为石匠、木匠、泥瓦匠、机械工匠、漆匠等多个行业的"行业神"，被人们尊称为"鲁班先师""工圣鲁班""百工圣祖"。鲁班的创作贴近生活、独具匠心，是"技"与"用"的统一，是人与自然的和谐。

三、工匠精神与职业道德的关系

工匠精神必须以职业道德为基本依托。不同于普通的手工业劳动者，工匠人有其特定的职业道德认知、情感、意志和行为，这些特定的心理要素在其追求精益求精的过程中发挥着重要作用。职业道德是工匠精神的非充分条件的一个重要原因也在于一个具有职业道德的人，如果缺乏工匠精神的职业情感和意志，就无法从一个合格的"手艺人"升华为一个"匠人"。这种高度职业认同、敬业乐业和精益求精职业精神的本质必须以职业道德为基本依托。

 课堂思考

哪些属于工匠精神的范畴？

第三节　大学生职业道德

在21世纪的今天，人才的竞争，不光是在学历上而更多是在劳动者素质上的竞争。如今在社会主义经济建设中，人们最大化地追求经济的发展、生活水平的提高，忽视了道德品质的培养，导致了整个社会道德水平的下降。而职业道德是劳动者在职业活动过程中应遵循的特定的职业思想和行为准则，作为一名当代大学生应该提高自身职业道德的培养，为以后正确处理职业内部、职业之间、职业与社会之间、人与人之间关系做好准备。

 课堂导读

某青年在美国某石油公司工作，学历不高，也没有什么特别的技术，他的工作，连小孩子都能胜任，那就是巡视并确认石油罐盖有没有自动焊接好。石油罐在输送带上移动至旋转台上，焊接剂便自动滴下，沿着盖子回转一圈，作业就算结束。他每天如此反复好几百次地干着这种工作。后来他集中精神观察，发现罐子旋转一次，焊接剂滴落39滴，焊接工作便结束。

于是，他努力思考：如果能将焊接剂减少一两滴，是否能够节省成本。经过一番研究，终于研制出"38滴型焊接机"。虽然节省的只是一滴焊接剂，但却给公司带来了每年5亿美元的利润。这个青年，就是后来掌握全美制油业界95%实权的石油大王—约翰·洛克菲勒。"一滴焊接剂"的智慧改变了洛克菲勒的人生。

一、当代大学生职业道德基本规范

（一）职业道德的基本特点

（1）在范围上，它存在于从事一定职业的人中，是家庭、学校教育影响下所形成的道德观念的进一步发展。

（2）在内容上，它具有较大的稳定性和连续性，形成比较稳定的职业心理和职业习惯。

（3）在形式上，它具有具体、多样和较大的适用性。

（二）职业道德的基本原则

1. 爱岗敬业——基本要求

爱岗就是热爱自己的工作岗位，热爱本职工作，亦称热爱本职。敬业包含两层含义：一为谋生敬业，二为真正认识到自己工作的意义敬业。爱岗敬业要求树立正确的职业观；热爱本职工作；忠于职守，尽职尽责；努力钻研业务，掌握专业技能；自觉遵守职业纪律。

爱岗敬业的人一心扑在工作上，立足本职、踏踏实实、滴水石穿、勤恳负责地去做好每一项工作，可以积极负责起岗位给予我们的职责，可以有效地处理工作中的问题不足、不去逃避。

2. 诚实守信——根本

诚实守信是指忠诚老实，信守诺言，是为人处事的原则。诚实，就是忠诚老实，不讲假话。守信，就是信守诺言，说话算数，讲信誉，重信用，履行自己应承担的义务。"言必信，行必果。"孔子云："言必诚信，行必忠正。"诚实守信是中华民族的传统美德，是做人的准则，也是做事的原则，更是树立行业形象的根本。

诚信的基本含义是守诺、践约、无欺，是一种人们在立身处世、待人接物和生活实践中应当具有的真诚无欺、实事求是的态度和信守承诺的行为品质。诚实守信要求我们做到诚信无欺、讲究质量、信守合同。诚信无欺，即待物接人诚恳可信，不采用欺骗手段。讲究质量，即要树立质量第一的观念，严把质量关。信守合同，即要说到做到，言而有信，认真履行承诺或合同。

3. 办事公道——基本准则

办事公道是指从业人员在办事情、处理问题时，要站在公正的立场上，按照同一标准和同一原则办事的职业道德规范。

何谓公道？《现代汉语词典》解释为："公正的道理。"《辞源》解释为"至公至正之道"。《荀子·君道》中说"公道达而私门塞矣"。

办事公道要求人们做到客观公正，照章办事。客观公正，即遇事从客观事实出发，并能做出客观、公正的判断和处理。照章办事，就是按照规章制度来对待所有的当事人，不徇私枉法。办事公道的核心就是要克服私心，正直无私。要做到办事公道，还必须加强学习，不断提高认识能力，能明确是非标准，分辨善恶美丑，并有敏锐的洞察力。

4. 服务客户——本质

服务客户就是为客户服务。服务客户要求做到热情周到，满足需要。热情周到，即从业人员对服务客户报以主动、热情、耐心的态度，把客户当作亲人，服务细致周到，勤勤恳恳。满足需要，即从业人员努力为客户提供方便，想客户之所想，急客户之所急，关心他人，主动为他人排忧解难。最后，做每件事都要方便客户。

5. 奉献社会——最高要求

奉献社会，就是全心全意为社会做贡献，是为人民服务精神的最高表现。奉献，就是不期望等价的回报和酬劳，而愿意为他人、为社会或为真理、为正义献出自己的力量，包括宝贵的生命。

奉献社会要求人们做到把公众利益、社会效益摆在第一位。奉献社会是职业道德中的最高境界。不要报酬，主动作为。要有博大的胸怀、真诚的爱心和执着的追求，不计得失，不惧艰难，不求回报，这是一种高尚品德、一种伟大精神，值得用一生去追求。

【案例】

《中国青年报》报道了一个海归青年章文琼回乡当村委主任创业的先进事迹，题为《一个海归大学生村官的感悟》。他的经历确实给当代青年很多启发。

他把自己的资金，用于老百姓的公益事业。这是很多人无法办到的。他为了贴近老百姓，让自己真正成为村里人，将自己的衣服反着穿。"怎么土怎么来"，最终被村里的人接纳。

他除了捐献金钱以外，还把宝贵的时间留在下基层。"我在小坑村已经工作3年多，不做不知道，农村工作不是想象中的那么简单。"

二、大学生职业道德教育的现状

良好的职业道德是目前社会经济发展所需要的品质，是学校职业道德教育的核心与抓手。当前大学生职业道德教育仍存在下述问题。

（一）教育主体对培养大学生职业道德的意识缺乏

迫于社会和学校发展的双重压力，很多高校都把教育重点聚焦在新的知识和技术上，大力提高学生的专业知识和专业技能，提升大学生的实际应用能力等专业素养。

对职业道德教育高校并没有给予足够的重视。在教育部对该系列课程进行了大幅度改革，将原来的五门课程缩减成三门课程，课时也大大减少的情形下，还有很多高校对其再缩减，要么是削减课时，要么是删掉实践课，无法按计划完成课程，导致很多教学任务无法按《教学大纲》进行，也就难以达到对学生职业道德的有效教育和引导。

（二）教育客体的职业道德意识缺乏

部分学生的责任意识、集体意识、荣誉意识、敬业意识有弱化的倾向，拜金主义、享乐主义、个人主义、功利主义等逐渐抬头。

在校只读"有用"的书，忙着考取各种证书，就业只盯着效益好的单位，敬业精神、责任心、团体意识不强。

（三）就业形势严峻，大学生整体职业道德下滑

一是功利思想严重。二是合作意识缺乏，组织纪律观念淡薄。三是诚信精神缺失。四是缺乏正确开展社会交往的能力。五是动力不足，缺乏恒心。

三、加强大学生职业道德教育的途径

（一）学校：加强思想政治教育，培养大学生职业道德意识

学校教育是主阵地，加强对大学生职业道德的课程培训，应当与实践结合，比如组织学生与社会接触，参与企业实习，社区志愿等方式，加强学生的职业道德意识。

（二）大学生：充分利用专业课，学习专业课知识的同时提高专业道德素养

首先要热爱自己的专业，培养专业兴趣。其次，就是要有专业能力，如果没有能力，光有满腔热情，也只能是叶公好龙。

（三）利用实践环节，培养职业道德能力

道德意识只有与具体实践相联系，才能真正彰显其规范性的本义。为了强化职业道德，必须利用实践环节不断融入社会，利用自己所学的职业道德规范、道德原则等知识去亲身体验职业生活，只有到实践中去，才能深化对职业道德的认识。

职业道德并不是镶嵌在职业行为上的装饰品，也不是在做人做事之外单独培养的一个东西。职业道德就是融入职业行为中、从而具有职业特点的道德人格。

课后延伸

结合实际畅谈自己的职业理想，并结合当前社会上一些人缺乏职业道德的现象谈谈大学生怎样遵守职业道德并以主人翁的姿态坚持权利和义务的统一。

【知识链】

不同行业职业道德规范

一、医务人员职业道德规范

（1）坚持爱岗敬业的思想理念。以医疗职业为己任，以创造业绩为目标，同心同德，忠于职守，避免胡思乱想、这山望见那山高。

（2）坚持钻研业务的学习风气。在积极参加集体业务学习的同时，切实加强业余自学，不断适应知识更新，确保医技精益求精。

（3）坚持救死扶伤的人道主义。弘扬梓柏精神，树正气，守诚信，讲奉献，努力塑造良好的社会形象。

（4）坚持置身病人的换位思考。做到一切为病人着想，一切对病人负责，一切使病人放心，一切让病人满意。

（5）坚持因病施治的诊疗原则。是什么病用什么药，杜绝一病多方、小病大方、唯利是图的不良现象。

（6）坚持阳光作业的服务方式。让病人明白诊断意见，明白治疗原则，明白应支付的

医疗费用，以此增强服务工作的透明度。

（7）坚持文明礼貌的服务举止。做到语言温馨，和蔼可亲；见到病人有问候声，接诊病人有欢迎声，服务欠周有道歉声。

（8）坚持严谨细致的工作作风。各科室、各岗位严守查对制度，冷静、沉着遵守操作规程，严防差错、事故发生。

（9）坚持服从大局的工作态度。凡事以个人利益服从整体利益；同事之间加强团结协作，确保和谐相处。

二、护理人员职业道德规范

（1）热爱护理工作，忠诚护理事业，一切为病人服务。
（2）对工作认真负责，一丝不苟。尊重同情病人，维护病人利益。
（3）待人热情，态度和蔼，文明用语，举止稳重，动作轻柔，观察敏锐，反应灵敏。
（4）遵纪守法，廉洁奉公，不谋私利，团结协作，尽职尽责。
（5）刻苦钻研护理理论知识，不断提高技术水平和服务质量。

三、会计职业道德规范

会计职业道德规范应该包括以下八个方面：爱岗敬业，廉洁自律，客观公正，保守秘密，诚实守信，坚持准则，提高技能，文明服务。

（一）爱岗敬业

爱岗敬业，要求会计人员充分认识本职工作在整个经济和社会事业发展过程中的地位和作用，珍惜自己的工作岗位，做到干一行爱一行，一丝不苟，兢兢业业，争当会计工作的行家里手。同时，还要求会计人员在工作中自觉主动地履行岗位职责，以积极、健康、求实、高效的态度对待会计工作，做到认真负责，恪尽职守。

（二）廉洁自律

廉洁自律是会计人员的基本品质，是会计职业道德的基本原则。社会主义会计职业道德有两个最重要的原则：一是依法理财原则；二是廉洁奉公原则。这两个原则，一方面体现了集体主义原则；另一方面又体现了会计作为一项管理活动的基本特点和要求。

（三）客观公正

客观公正是会计人员必须具备的行为品德，是会计职业道德规范的灵魂。所谓客观，是指会计人员在处理会计事务时必须以实际发生的交易或事项为依据，如实反映企业的财务状况、经营成果和现金流量情况，不掺杂个人主观意愿，不为单位领导的意见所左右；所谓公正，是指会计人员应该具备正直、诚实的品质，不偏不倚地对待有关利益各方。客观公正，不只是一种工作态度，更是会计人员追求的一种境界。

（四）保守秘密

保守秘密是会计职业道德规范的基本要求。这指的是会计人员应当保守本单位的商业秘密，不能将从业过程中所获得的信息为己所用，或者泄露给第三者以牟取私利。保守秘密一方面是指会计人员要保守企业自身秘密，另一方面也包括会计人员不得以不道德的手段去获取他人的秘密。

（五）诚实守信

诚实守信是会计人员的基本道德素养。诚实是指言行跟内心思想一致，不弄虚作假，不欺上瞒下，做老实人、说老实话、办老实事。信，即信用。守，是指遵循、依照。守信就是遵守自己所作出的承诺，讲信用、重信用、信守诺言、保守秘密。

（六）坚持准则

坚持准则，要求会计人员在处理业务过程中，严格按照会计法律制度办事，不为主观或他人意志左右。社会主义会计职业道德的一个重要原则就是依法理财，即在严格遵守国家法律、法规和规章的前提下，为会计所服务的单位理好财。

（七）提高技能

如今的会计工作对从业人员的业务素质有着相当高的要求。会计人员应当具有一定的专业胜任能力，主要包括相应的经济理论水平、政策法规水平、业务知识水平、操作能力水平和文字表达水平等。会计人员应该做到干一行专一行，不断学习，经常充电，树立终生学习的思想，努力提升自身的技能。

（八）文明服务

文明服务是会计职能的核心，新的经济环境及企业相关利益主体的多样化要求强化会计的服务职能。会计的功能是服务性的，"会计"本身不是目的。会计始终处于助手地位，发挥参谋作用。摆正会计配角的位置丝毫不会削弱会计在单位管理中的重要性。

四、保险销售人员职业道德规范

（一）职业道德宗旨

职业道德的宗旨是忠诚服务、笃守信誉。

（二）职业道德规范

职业道德的规范是诚实守信、廉洁自律、敬业乐业、意求创新、感恩宽容、竭诚服务。

（三）保险销售人员应遵循的职业道德

恪守职责、利为客户所谋、优质服务、专业赢得尊重、信守承诺。

五、旅游职业道德规范

（1）真诚公道、信誉第一。
（2）热情友好、宾客至上。
（3）不卑不亢、一视同仁。
（4）钻研业务、提高技能。
（5）锐意改革、勇于竞争。

六、教师职业道德规范

（一）爱国守法

热爱祖国，热爱人民，拥护中国共产党领导，拥护社会主义。全面贯彻国家教育方针，自觉遵守教育法律法规，依法履行教师职责权利。

（二）爱岗敬业

忠诚于人民教育事业，志存高远，勤恳敬业，甘为人梯，乐于奉献。对工作高度负责，认真备课上课，认真批改作业，认真辅导学生。

（三）关爱学生

关心爱护全体学生，尊重学生人格，平等公正对待学生。对学生严慈相济，做学生良师益友。保护学生安全，关心学生健康，维护学生权益。不讽刺、挖苦、歧视学生，不体罚或变相体罚学生。

（四）教书育人

遵循教育规律，实施素质教育。循循善诱，诲人不倦，因材施教。培养学生良好品行，激发学生创新精神，促进学生全面发展。不以分数作为评价学生的唯一标准。

（五）为人师表

坚守高尚情操，知荣明耻，严于律己，以身作则。衣着得体，语言规范，举止文明。关心集体，团结协作，尊重同事，尊重家长。作风正派，廉洁奉公。自觉抵制有偿家教，不利用职务之便牟取私利。

（六）终身学习

崇尚科学精神，树立终身学习理念，拓宽知识视野，更新知识结构。潜心钻研业务，勇于探索创新，不断提高专业素养和教育教学水平。

经典诵读

1. 《2017年国务院政府工作报告》提出，要大力弘扬工匠精神，厚植工匠文化，恪尽职业操守，崇尚精益求精，完善激励机制，培育众多"中国工匠"，打造更多享誉世界的"中国品牌"，推动中国经济发展进入质量时代。我国是技能人才大国，也是制造业大国，制造业在国民经济中的地位和作用举足轻重。当前，我国正处在从工业大国向工业强国迈进的关键时期，培育和弘扬严谨认真、精益求精、追求完美的工匠精神，对于建设制造强国具有重要意义。为此，要以树匠心、育匠人、出精品为抓手，大力弘扬工匠精神，为推进中国制造的"品质革命"提供源源不断的动力。

2. **诚者，天之道也；思诚者，人之道也。**——《孟子·离娄上》

【释义】诚信是自然的规律，追求诚信是做人的规律。

【解读】孟子说："身居下位而又不被上司信任，是不可能治理好百姓的。要取得上司信任有办法：如果不被朋友信任，也就不会得到上司信任了。要被朋友信任有办法：如果侍奉父母得不到父母欢心，也就不会被朋友信任了。要父母欢心有办法：如果反省自己不诚心诚意，也就得不到父母欢心了。要使自己诚心诚意有办法：如果不明白什么是善行，也就不会使自己诚心诚意了。所以，诚是天然的道理，追求诚是做人的道理。极端诚心而不能使人感动，是从不会有的事；不诚心是没有谁会被感动的。"

第十章

职场规则

对于即将走出校园的年轻人来说,当代职场可以说是变化莫测。诚然,年轻人刚踏入社会、涉足职场,自然会经历各种苦闷、烦恼、困惑,但仔细思考,你就会发现,让你痛苦不堪、左右为难的问题,不过是一些常识性问题,只要稍加指点和启发,你便茅塞顿开,寻求到解决问题的途径,让自己轻松开启职场成功大门。

课堂导读

有一个博士毕业后到一家研究所工作,成为所里学历最高的一个人。有一天他到单位后面的小池塘去钓鱼,正好正、副所长在他的一左一右,也在钓鱼。他只是微微点了点头,心想:这两个本科生,有啥好聊的呢?不一会儿,正所长放下钓竿,伸伸懒腰,蹭蹭蹭从水面上如飞地走到对面上厕所。博士眼睛睁得都快掉下来了:水上漂?不会吧?这可是池塘啊。正所长回来的时候,同样也是噌噌噌地从水上漂回来了。怎么回事?博士又不好意思去问,自己是博士呐!

过了一阵,副所长也站起来,走几步,噌噌噌地漂到了对面。这下子博士更是差点昏倒:不会吧,到了一个江湖高手集中的地方?博士也想过去。可这个池塘两边有围墙,要到对面非得绕十分钟的路,怎么办?博士也不愿意去问两位所长,憋了半天后,也起身往水里跨:我就不信本科生能过的水面,我博士不能过!只听咚的一声,博士栽到了水里。两位所长赶快将他拉了出来,问他为什么要下水,他问:"为什么你们可以走过去呢?"两位所长相视一笑:"这池塘里有两排木桩子,由于这两天下雨涨水正好在水面下。我们都知道这木桩的位置,所以可以踩着桩子过去。你怎么不问一声呢?"

学历代表过去,只有学习力才能代表将来。尊重经验的人,才能少走弯路。一个好的团队,也应该是学习型的团队。(摘自《职场励志小故事——水上漂功夫》)

第一节 职场适应

每位学生从学校走向职场,都要经历"职场适应期"。有的学生在短期内不能适应工作环境,不能很快进行角色转换,在很多时候的表现比较"学生气"。这时还不能称之为真正的职业人士。大学生初入职场要努力找到职业契合点。既然步入了职场,就已经从一个学生转换成了一个社会人,原来的许多生活习惯都得改变。也许在学校的时候,喜欢睡懒觉,经常上课迟到,也许不会带来什么严重的后果,可是在工作期间,每一次失误都可能给你带来非常严重的后果。

一、学校与职场的差异

当我们还是学生的时候，我们期望自己能够进入职场，实现经济独立并且大展宏图。当我们尝试进入职场时，却发现现实原本不是我们想象的那样，各种各样的问题接踵而至：有人感觉学习是自己的拿手好戏，但用同样的方法处理工作却处处碰壁；有人感觉职场完全不像学校里所描述的那样好，而是充满着黑暗与丑恶；有人感觉自己曾经所坚守的信念，却成了工作的障碍……有时候自己也觉得很无辜很无助，以前学习的方法、人际交往的方式都行不通。学校和职场是完全不同的场所，主要表现在以下几方面。

（一）大学文化——工作文化（见图10-1）

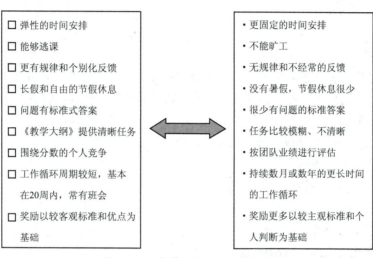

图10-1 大学文化——工作文化

（二）你的老师——你的老板（见图10-2）

图10-2 你的老师——你的老板

（三）大学学习过程——职场工作过程（见图10-3）

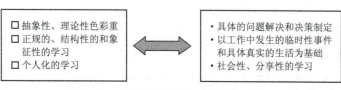

图10-3 大学学习过程——职场工作过程

二、理念指引

学校和职场是完全不同的场所，无论从理念、管理方式、人际交往方式等都有很大区别，而学生刚走入职场的时候带有学生的惯性，也就是我们俗话说的"学生腔""学生气"，将学生为人处世的方法用在职场上，自然不合适。那么要靠理念指引学生主要表现在于：

（1）先行者优于后行者，后行者优于不行者，投入关注永远不迟。
（2）沟通是一生的艺术，成长离不开沟通。
（3）困惑在沟通中排解，方案在沟通中诞生——通过交流提升自己。
（4）给你一个舞台，你就要敢唱戏、能唱戏、唱好戏。
（5）把握组织规章，洞悉组织文化。
（6）成就职业人生。

三、实践操作

所谓实践操作，就是虚心学习，在实践中增长才干。在学校学到的东西毕竟是有限的，大部分的知识和能力仍需要在工作实践中学习、积累和锻炼。体现在以下几个方面：

（一）指导原则

（1）职场适应的核心是业务适应和人际适应。
（2）做事不能不考虑做人。
（3）做人一定要考虑做事。

（二）组织状况与对策

（1）组织规章是桌面上的制度。
（2）组织文化是桌面下的制度。
（3）桌面上的制度大同小异。
（4）桌面下的制度千差万别。

（三）业务提升要点

（1）尽快明确就业目标，做有针对性的学习与实践。
（2）走访相关行业职业人士，明确努力方向和途径。
（3）积极投身实习、兼职等社会实践，早日介入社会。
（4）在实践与工作中手、脑并用，及时总结。
（5）寻找业务进步的师傅。
（6）抓住工作后进修学习的机会。

（四）组织沟通要点

（1）沟通的目的是共赢，不是单赢。
（2）双向、多向互动式沟通优于单向沟通。
（3）沟通的原则是优先考虑别人，然后成就自己。
（4）突出针对性是事务沟通（如应聘）的首要要求。
（5）最好的方案是针对别人的需要，结合自己的实际，寻找两者的结合点。
（6）最差的方案不是完全服从对方，而是完全考虑自我。

课堂思考

湖南理念科技产业有限公司招聘了 21 名大学生。不到 4 个月的时间里,20 名本科毕业生被炒鱿鱼。

小组讨论与分享:职场新人如何适应职场?

第二节 职场心态与职业成长

大学生刚进入职场大多是从基层做起,要学会适应艰苦、紧张而又快节奏的基层生活。学生一般缺少社会经验,可能不习惯一些制度、做法,这时,千万不要用习惯去改变环境,而是要学会入乡随俗,适应新的环境。

一、心态诠释

(一)何谓心态?

马斯洛说:"心态改变一切,态度跟着改变;态度改变,习惯跟着改变;习惯改变,性格跟着改变;性格改变,命运也就跟着改变。"心态,顾名思义,也就是心里的态度。"态度决定一切。"有什么样的态度,就会有什么样的心情;有什么样的心情,也就直接影响你的工作状态,从而波及你的整个生活。

(二)职场心态

职业心态是指在从业过程中,根据职业的需求,表露出来的心理情感。即指职业活动的各种对自己职业及其职业能否成功的心理反应。有一些心态是无论从事何种职业都应具备的,比如学习心态、敬业心态、合作心态等。

二、常见的不良心态

(一)"我不过是在为老板打工"

"我只拿这点钱,凭什么去做那么多工作。""我只要对得起这份工资就行了,多一点我都不干""工作嘛,又不是为自己干,说得过去就行了。"

这种"我不过是在为老板打工"的想法很普遍:在许多人眼里,工作只是一种简单的雇佣关系,做多做少、做好做坏,对自己意义不大,达到要求就行了。如果我们用这样的态度去面对我们的工作,我们将失去一种积极进取的工作态度。如果你敷衍工作,消极怠工,试图愚弄企业,那么你永远都不会拥有令你骄傲的事业,永远也不会创造令他人钦羡的价值。

(二)消极心态

美国宾州大学的塞利格曼教授曾对人类的消极心态做过深入的研究,他指出了三种特别模式的心态会造成人们的无力感,最终毁其一生。它们是:

(1)永远长存。即把短暂的困难看作永远挥之不去的怪物,这是在时间上把困难无限延长，从而使自己束缚于消极的心态中不能自拔。

（2）无所不在。即因为某方面的失败，从而相信在其他方面也会失败。这是在空间方面把困难无限扩大，从而使自己笼罩在失败的阴影里看不到光明。

（3）问题在我。即认为自己能力不足，一味地打击自己，使自己无法振作。这里的"问题在我"，不是勇于承担责任的代名词，而是在能力方面一味地贬损自己，削弱自己的斗志。比如不能抓住自我、表现自我和捍卫自我，从而在心理上不能自我肯定，常见的有：

（1）伴郎型。这种人的毛病不在于做不好工作，而在于不能充分发挥自己的潜能。在你用心时，你的工作是一流的，你的处事态度始终像伴郎一样，不想喧宾夺主，也不想出人头地，这阻碍了你升迁晋级。

（2）鸽子型。这种人勤于工作，也有技术和才华，但由于工作性质或人事结构，所学的知识完全与工作对不上号。别人升迁、加薪、晋级，你却只是增加工作量。对这种境遇，你早就不满，但你不能大胆陈述、努力捍卫，而只是拐弯抹角地讲一讲，信息得不到传达，或根本被上司忽视了。一切全因你像一只鸽子样温顺驯服。

（3）幕后型。这种人工作任劳任怨，认真负责，可是你的工作却很少被人知道，尤其是你的上司。别人总是用你的成绩去报功，你内心也想得到荣誉、地位和加薪，但没有学会如何使人注意你，注意到你的成就。一些坐享其成的人在撷取你的才智后，你只会面壁垂泣。

（4）仇视型。这种人不能说不自信，甚至说是自信过了头。在工作上很能干，表现也很不错，却看不起同事，总是以敌视的态度与人相处，与每个人都有点意见冲突。行为上太放肆，常常干涉、扰乱别人。大家对这种人只会"恨而远之"，无人理会你的好办法、好成绩。

（5）抱怨型。一边埋头工作，一边对工作不满意；一边完成任务，一边愁眉苦脸。让人总觉得你活得被动，而上司认为你是干扰工作、爱发牢骚的人。同事认为你难相处，上司认为你是"刺儿头"。结果升职、加薪的机会被别人得去了，你只有"天真"的牢骚。

（6）水牛型。对任何要求，都笑脸迎纳。别人请你帮忙，你总是放下本职工作去支援，自己手头落下的工作只好另外加班。你为别人的事牺牲不少，但很少得到别人与上司的赏识，背后还说你是无用的老实人。在领导面前不会说"不"，而受到委屈后，只好到家中发泄。

三、良好的心态

所谓看开人生，绝对不是悲观，而是积极乐观；不是看破，而是看透彻；并非什么都不做，而是积极去做；也不是什么都没有，而是什么都知足。良好的心态包含豁达、自信、勇敢、感恩、乐观、积极。

（一）怎样保持良好的心态

1. 积极的心态

首先我们需要具备积极的心态。积极的心态就是把好的、正确的方面扩张开来，同时第一时间投入进去。一个国家，一个企业肯定都有很多好的方面，也有很多不够好的地方，我们就需要用积极的心态去对待。

第十章　职场规则

2. 主动的心态

主动是什么？主动就是"没有人告诉你而你正做着恰当的事情"。主动是为了给自己增加机会，增加锻炼自己的机会，增加实现自己价值的机会。

在企业里，有很多的事情也许没有人安排你去做，有很多的职位空缺。如果你去主动地行动起来，你不但锻炼了自己，同时也为自己争取这样的职位积蓄了力量，但如果什么事情都需要别人来告诉你，说明你已经很落后了，这样的职位也挤满了那些主动行动着的人。

3. 乐观的心态

乐观是润滑剂，不但能调节你的心情，也能调节整个工作氛围。不但使自己充满奋斗的激情，也会给你身边的人带来阳光。

（1）快乐地工作。如果视工作为享受的话，就会努力地去享受，然后努力地工作，并取得满意的结果，从中会体会到另一种快乐，于是便成了"努力工作——取得成果——感受快乐"的良性循环。

（2）提高情商影响力，营造融洽的团队关系。也许大家都有过这样的感受，早上刚到办公室时心情很灿烂，但某一位同事在工作中因为一些小事对你大发脾气或者不理不睬，这时你的心情当然会不好。其实社会虽繁杂，可同我们直接相关的也就是你身边为数不多的几个人，有家人、朋友，还有与你朝夕与共的同事，家人朋友都是你的所爱，那么同事呢？其实你的同事及你所在的团队对你心态的影响是很大的。所以在工作中，我们要增加个人魅力，提高情商影响力，塑造乐观的心态，做一个受同事和领导欢迎的人，使的团队成为你离不开的另一个家。

4. 自信的心态

自信是一切行动的源动力，没有了自信就没有行动。我们对自己服务的企业充满自信，对我们的产品充满自信，对自己的能力充满自信，对同事充满自信，对未来充满自信。

如果你充满了自信，你也就会充满了干劲，你开始感觉到这个企业、这个岗位需要你，这些事情是我们可以完成的，是我们应该完成的。

5. 行动的心态

行动是最有说服力的。千百句美丽的雄辩胜不过真实的行动。我们需要用行动去证明自己的存在，证明自己的价值；我们需要用行动去真正地关怀我们的客户；我们需要用行动去完成我们的目标。如果一切计划、一切目标、一切愿景都是停留在纸上，不去付诸行动，那计划就不能执行，目标就不能实现，愿景就是肥皂泡。

6. 空杯的心态

人无完人。任何人都有自己的缺陷，自己相对较弱的地方。也许你在某个行业已经满腹经纶，也许你已经具备了丰富的技能，但是对于新的企业，你仍然是你，没有任何的特别。你需要用空杯的心态重新去整理自己的智慧，去吸收现在的、别人的、正确的、优秀的东西。企业有企业的文化，有企业发展的思路，有自身管理的方法，只要是正确的、合理的，我们就必须去领悟，去感受。把自己融入企业之中，融入团队之中，否则，你永远是企业的局外人。

7. 包容的心态

作为社会的一员，作为企业的一名职工，你会接触到各种各样的人。你的同事也许与你有不同的喜好，有不同的做事风格，你也应该去包容。你的客户会有这样的爱好，有那样的需求。我们是为客户提供服务的，满足客户需求的，这就要求我们学会包容，包容他人的不同喜好。

8. 给予的心态

要索取，首先学会给予。我们要给予我们的同事以关怀，我们要给予我们的经销商以服务，我们要给予消费者满足需求的产品。

9. 感恩的心态

我们要习惯说谢谢，习惯用行动表达你的感激。一个没有感恩心的人是可怕的。现在真的有很多人不懂得感恩，尤其是不懂得感恩父母，只会任性，只会挥霍，只会无理取闹。感恩是一种美德，是一种生活态度，也是做人的起码修养。让我们感恩父母，感恩生活，感恩老师，感恩朋友，感恩大自然。

10. 双赢的心态

亏本的买卖没人做，这是商业规则。你必须用双赢的心态去处理你与企业之间的、企业与商家之间的、企业和消费者之间的关系。你不能为了自身的利益去损坏企业的利益。没有大家哪有小家？企业首先是一个利润中心，企业都没有了利益，你也肯定没有收益。同样，我们也不能破坏企业与商家之间的双赢规则，只要某一方失去了利益，必定就会放弃这样的合作。消费者满足自己的需求，而企业实现自己的产品价值，这同样也是一个双赢，任何一方的利益受到损坏都会付出代价。

11. 敬业的心态

（1）不要斤斤计较。工作对我们来说，仍是一种谋生的手段，我们常常会以为公司给我多少钱我就干多少钱的活，无形之中会在工作时斤斤计较，人就会变得越来越狭隘，态度也变得越来越消极。

（2）自我意识的扩大。干一行，爱一行；在其位谋其职。像信仰上帝一样信仰你的职业，像热爱生命一样热爱你的工作，把职业看作是使命所在。把自我意识放大为集体意识，把自我利益放大为企业利益。

12. 老板的心态

像老板一样思考、行动。你具备了老板的心态，你就会去考虑企业的成长，考虑企业的费用，你会感觉到企业的事情就是自己的事情。你知道什么是自己应该去做的，什么是自己不应该做的。反之，你就会得过且过，不负责任，认为自己永远是打工者，企业的命运与自己无关。

学习阳光心态塑造可建立积极的价值观，获得健康的人生和释放强劲的影响力。它有助于我们控制自己的情绪，帮助我们拥有良好的心态，培养我们坚强的意志品质。

课堂思考

公司的传真机坏了，你是积极帮助找人修理，还是等待公司派人来处理呢？企业的员工应该具备什么样的心态？

第三节　新人初来乍到

新鲜的一定是最好的，这句话在菜市场里可能是真理，但是在职场里却未必行得通。刚刚工作的职场新人，常常会忽略：任何一个单位都需要建设者，甚少有单位需要改革者，几乎没有任何一个单位需要革命者。踏踏实实做事的新人比一个充满批判情绪的评论家将更容易融入一个新的团体。

一、职场"潜规则"

大学毕业，迈入职场，经过面试笔试多番拼杀后终于接到了用人单位递来的橄榄枝，顺利入职，是不是这就万事大吉，从此顺风顺水，走上坦途，高枕无忧了？No，作为职场的freshman，再厉害的角色，在涉职之初，总少不了几分懵懂与迷茫。此时若还是像上学时那样大大咧咧、我行我素，那么免不了要碰得个鼻青脸肿满头包。为什么如是说？因为要想在职场中如鱼得水，凭的不光是能力与勇气，还要看你是否有一颗"七窍玲珑心"，能看透平静湖水下隐藏的暗流。

就像游戏有游戏规则一样，职场也有职场规则，而有些规则绝不会像公司章程一样会白纸黑字逐条列出，并在你踏入公司的第一天就由专人交给你看，它需要你用心去发现。但是正是这些不"上纲上线"的规则，在我们的职业版块上形成一个个雷区，一旦哪天你一不小心违背了它，你就可能引爆地雷，将自己陷入险境。这就是所谓的职场"潜规则"。刚入职的大学生们只要熟记职场规则，必能帮你少走很多弯路：

- 入职时的工资高低不重要，只要你努力工作你会得到相应的待遇。
- 你的能力并不能确保你的安全。
- 报销单是公司测试你的一个工具。
- 在工作场合中透露私事很危险。
- 如果你与老板作对，必然会被逐出公司大门。
- 按了发送键？STOP！公司邮件很危险。
- 我努力工作公司会给我加薪？No，你必须要求！
- 加薪必须要求，那晋升呢？No，千万要管好自己的嘴巴。
- 如果遇到新上司要积极配合他。
- 想成为公司中最有价值的员工？那你就必须停止说"我做不了"，而是主动请缨。
- 想要脱颖而出？让领导感到150%的满足感。
- 你们公司允许言论自由吗？职场没有言论自由。
- 业绩考核结果跟你的业绩不相符？业绩也需要进行宣传。

二、职场成败"三十六法则"

刚步入职场的大学生们怎么样才能得到上级的喜欢？怎么样才能职场不败？怎么样才能不断晋升？怎么样才能不断加薪呢？请问仅凭高智商，仅凭圆滑的处世技巧，仅凭千篇一律的答案就能纵横职场吗？就能得到上级的喜欢吗？

掌握职场成功的"三十六法则",打造出无人替代的个人品牌,你就能在竞争激烈的职场中取胜,你就能成为一个让企业无法不用的人。

(1) 给自己准确定位。

(2) 打造个人品牌。

(3) 不找任何借口。

(4) 职场呼唤忠诚。

(5) 要懂得敬业。

(6) 对工作充满热情。

(7) 自动自发地工作。

(8) 用目标引导成功。

(9) 展现你应有的自信。

(10) 具有冒险精神。

(11) 用创新叩开成功之门。

(12) 善于发现机遇,抓住机遇。

(13) 提升自己,不断追求成长。

(14) 学会推销自己。

(15) 不要看不起自己的工作。

(16) 做驾驭信息的高手。

(17) 有效管理时间,"准时"做事。

(18) 保持积极的心态。

(19) 工作,不仅仅是为了薪水。

(20) 以领导的心态对待公司。

(21) 工作就意味着责任。

(22) 崇尚团队合作。

(23) 广结善缘,与人友好相处。

(24) 学会与人沟通。

(25) 不可忽视细节。

(26) 正确对待竞争。

(27) 以诚实为本。

(28) 多做一些"分外"工作。

(29) 做公司最赚钱的员工。

(30) 保持勤奋的工作态度。

(31) 专注自己的工作。

(32) 不要随意跳槽。

(33) 健康是成功的本钱。

(34) 遇事当机立断。

(35) 挑战挫折与失败。

(36) 坚持不懈,直到成功。

课堂思考

职场新人的必备要素有哪些?

第四节 职场减压

一、什么是心理压力

心理压力是指个体在生活实践中所感觉到的加诸自己身上的需求和自身所能应付需求的能力不平衡时,由于过度紧张而引起的心理和生理的压迫反应。当遇到压力的时候,大家第一个反应是逃避压力,如同闭上眼睛不看了,压力就会减缓,但有的时候如果压力没有消解掉的话,可能还会带来持续的压力。

心理因素对于职场人士的影响已经越来越被重视,各种职场心理压力问题不同程度地导致工作效率和生活质量的不断下降。维护好健康积极的心理状态,可以减轻压力,轻装上阵,使工作取得事半功倍的效果。

二、心理压力从何而来

(一)个性特点

压力究竟是怎么来的?有些压力是原生的,就是性格本身会带来一些压力,所以一般认为压力的产生与人的个性是有关系的。一般来说,过于内向的人、过于外向的人、神经质的人、自卑心理过重、过分追求完美的人等都是容易产生压力的人群。

当然,产生压力的个性特点并不意味着这样的个性特点是有问题的,例如有人认为内向不太好,因为内向容易感到有压力,似乎觉得内向的人不如外向的人,好像外向的人比较容易成功,内向的人不容易成功。实际上,这个世界上所有成功的人基本上都是内向的人,基本上都是性格比较内敛的人,例如比尔·盖茨,他整个的表现就体现了他的性格是比较内敛一点的,不是外向的那种人。

(二)社会环境

现代社会的工作节奏快了、参照体系变化了,所以有人吃海鲜,有的人可能吃粗茶淡饭;有的人生活的状态已经发生了很大的变化,但也有人仍然是20多年前甚至30多年前的生活状态。后者看到前者之后心理就会失衡,而这种失衡也会带来很大的压力。在公司里也是这样,有的人业绩上升得非常快,这时有的人就会焦虑,觉得人家是不是能力都非常强,而这样的思维就会给大家造成影响。但实际上,压力的缓解与自我的信心是有关系的,社会环境只是外在的评价因素,所以调整好自己的心态是非常重要的。

(三)日常工作

日常的工作也会给大家带来压力,有的人的压力就是日常工作带来的,因为人们每天都会有一些工作,这个工作是每天都有的,不是说今天做完了,明天、后天都不会有了。所以

工作一定要按照节奏来做，如果弄不清楚这一点，一上班就开始慌乱，什么都干，总想着赶紧做完就歇一下，结果好像干了一天什么也没有抓到。

【案例】

周末综合征

现在好多员工在周一上班的时候，因为刚过完周末都心不在焉，而到周五的时候又开始讲周末，所以就将每一星期的工作都集中在周三，而在每周的时间内工作会有大起大落的感觉。

这就是日常工作安排得不好的结果，对待这种情况，就需要有一个表格，至少要做一周的安排，或者一个月的安排，然后把每天的重要的事件标上去，通过这种对时间的规划就可以将时间利用安排得比较周密，这样就能避免工作中时间的冲突。

三、心理压力的表现

（1）工作方面：忙碌而效率低。
（2）心境恶劣：躁狂或隐性抑郁。
（3）躯体化：心慌、食欲不振、失眠、肠胃不适、持续疲劳感等。

【案例】

现在好多人经常去医院看病，到医院后检查来检查去，检查不出身体有什么毛病。有经验的医生会告诉他，他很可能是心理问题导致心理压力的躯体化表现。

四、减缓心理压力的方法

（一）生活规律化

【案例】

节奏感的重要性

大家为什么喜欢音乐？因为音乐有节奏感。为什么不喜欢噪声呢？因为噪声是没有节奏感的。人的生活也是一样，生活规律化，就会有节奏感。

例如女士抱孩子的时候，对于刚出生的孩子，往往是孩子的头朝着自己心脏的方向，因为抱在这个方向小孩子会比较舒服一些，为什么呢？因为心脏在这边，心脏的跳动他可以感受得到。

（二）完善性格

有的人的压力是由性格的缺陷导致的。实际上性格不是不可以改变的。什么样的性格才是好的性格，能不能改变坏的性格呢？一般来讲，完善的性格或者成熟的性格，一定有一个最明显的特点，这个人一定是自信的。这是性格中最核心的部分，如果这个人有了自信，他的自我价值感自然就增强了。

【案例】

人们经常看表演的小丑，大家都非常喜欢小丑，小丑哪一部分最感动人？其实就是他的真实和自信。

(三）解决深层心理情结

有的人的压力是因为他有一些情结没有解决掉，例如家庭中的影响，与父母没有处好关系，与父母之间有些冲突没有得到解决。这就是说他小的时候与他父母的沟通有一些问题，在成年之后仍然没有得到解决，这就带来了比较大的问题。或者在生活中对某一类人有一些偏见，这也会带来一些压力，因为有的人可能伤害过你，可能你会对他一直有偏见。这都能给你带来很深的压力，所以处理这个情结是非常重要的。

五、心理压力速效解决方法

（1）深呼吸。
（2）肌肉放松。

【案例】

压力导致尿频

心理学家曾经做过一个测试，就是把一只羊放在一个空闲的地上，然后给它一些强烈的刺激，结果发现这只羊就会撒尿。还有狼也是这样的。其实人也是一样，人在紧张的时候也会尿频，这都是肌肉的一个正常的反应。

点评：尿频是压力所导致的正常反应，体育运动中，经常会看到运动员在场上嚼口香糖，他可能也是通过嘴部的一张一合来减轻压力。嚼口香糖有的时候也是一种缓解压力的方法。

- 适度运动
- 学会识别自己的情绪。就是搞清楚自己的情绪是焦虑情绪，还是抑郁情绪。当你有压力的话，一定要能够识别出这种情绪来。
- 把工作压力和生活压力分开，要把生活的压力和工作的压力分开，不要搅和在一块。
- 自我肯定。要真正解决这些压力问题，就要有自信，要经常地做自我肯定。在跟别人沟通的时候，或者在工作中，要经常提醒自己，哪怕这件事情做得很糟糕，也一定要用这样的句式："这件事情这次我虽然没有做好，但下一次我可以做好。""通过自己的努力，我是可以做好的，我相信自己。"对自己永远不要做彻底否定。

职场新人如何自我调节心理压力？

业精于勤，荒于嬉；行成于思，毁于随。——韩愈《进学解》

【释义】学业靠勤奋才能精湛，如果贪玩就会荒废；德行靠思考才能形成，如果随大流就会毁掉。

【解读】不要担心选拔人才的人眼睛不亮，只怕你们的学业不精湛；不要担心他们做不到公平，只怕你们的德行无所成就！

第十一章

择业与跳槽

择业就是择业者根据自己的职业理想和能力，从社会上各种职业中选择其中的一种作为自己从事的职业的过程。任何已具备劳动能力的人，都要进入社会职业领域选择特定的职业。在职业选择过程中，择业者不仅要考虑到个人的需要、兴趣、能力等因素，还要考虑社会发展的需要。毕业生初入职场，经验不足，可能会有多次跳槽的经历，但每次都能跳对吗？

课堂导读

2011年林旭进入深圳一家世界500强外企实习。当时选择这家外企，林旭看中的是它的企业管理比较完善，薪资待遇也不错。然而，林旭进入这里实习了一段时间后才意识到，他并不适合在外企工作。500强外企的管理非常完善，完善到你上班从公司哪个门进入、用哪一台电梯都规定得清清楚楚，这让林旭感觉很难有自己发挥的余地，很难对外企产生归属感。实习了大半年后，林旭开始重新关注外面的一些招聘信息。刚好，广州一家大型国企在华南理工大学举办校园招聘。他在网上收集了这家国企的信息，发现这是一家正值成长期的企业，入职薪水是他现在的一半。但是，以他的观点，目前中国正处于能源产业升级的大发展阶段，这个企业今后的发展前景不可限量。以他的学历背景、实习经历以及个人素质，很快就被这家国企招收录用。2012年7月，林旭正式与这家国企签订了合同，成为一名管理见习生。至此，林旭完成了从500强外企到大型国企的选择。

2012年，这家国企正处于初步发展的阶段，一些与林旭同期进入的员工，熬不住创业的艰苦，有一部分选择了跳往更高薪的民企，还有一些选择了考公务员。接下来的两年，林旭在企业的工作可以用一个"熬"字来描述。他所在的经营管理部负责管理绩效、招标管理，原来手下有三名工作人员，但有两人均跳槽了。由于暂时未能招入新人，原来两名下属的工作全部由他和另一名下属扛了下来。在最困难的时期，越能熬得住，机会往往就在不知不觉中来临。随着企业的发展，业务量增大，人才需求增大。2017年，企业出现了部门经理职位空缺。工作勤奋、具有良好职业素养的林旭，平日的工作就受到领导的好评，因此，自然就成为晋升职位的备选人并顺利通过了考察，获得了晋升。而同一时期，林旭原来那家500强外企，由于其工厂从东莞迁往泰国，在中国的总部也从深圳转移到曼谷。原来同一批实习留下的人，纷纷重新择业，从零开始。

任部门经理后的工作并不轻松，林旭也正是在这种高难度和高强度的工作实践中得到了真正的锻炼，个人的职业价值也不断提升。

三年后，企业因业务发展，成立地区分公司。林旭再一次被任用，成为一名带领600多人团队的地区总经理，也是集团内最年轻的区域公司老总。

从林旭的成长历程，我们看到，一个人要谋求发展，努力付出是必须的，想要企业承认和尊重你的努力和价值，首先你必须让自己为企业创造价值。但选择无疑很关键。我们每一次选择，都不是盲目的，是在分析自身的条件、个性，对外部环境有一个判断的基础上，再做出有利于个人成长的选择。

第一节　择业

大学生在完成学业以后，以普通劳动者的身份进入社会，选择今后所从事的职业，以获取稳定的收入，同时为国家和社会做出应有的贡献。这就是大学生的择业。大学生在择业过程中对选择某种社会职业的认识、评价、态度、方法和心理倾向等就是大学生的择业观。树立正确的择业观，学会择业决策，从而形成理性的择业目标。

一、择业观的类型

（一）求稳型

选择这一类型择业观的学生认为，其选择的工作不但要使自己的人生价值得以实现，同时能够有稳定的收入。这一类型的学生具有较强的求稳思想，而造成这种现象的主要原因是传统就业思想的影响。

（二）趋利型

一般现代多元化的思想对选择这一类型的学生具有较大的影响，这些学生往往忽视了传统真善美的思想，对西方个性化思想过分追求，对自身的利益更为重视。这一类型的学生不会考虑社会和国家的利益，只是重视自己的利益。外界因素对这一类型的学生具有较大的影响。

（三）创业型

这一类型的学生一般对改革开放后社会的发展趋势逐渐地适应，具有较强的灵活多变性。其对自己所需要的能够正确把握，具有较强的自我调节能力，外界思想对其影响比较小，其是非观非常明确。

二、如何树立正确的择业观

只有在正确的择业观指导下，大学生才能根据社会发展对人才的需要及自身的理想、特长，确立既有利于社会、又有利于个人的择业目标。

（一）要正确地自我定位

如今就业形势日益严峻，就业率连年下降，岗位日渐饱和，对毕业生来讲是相当不利的。那么毕业生应该如何正确面对当前的就业形势，让自己在职场竞争中占据有利地位？这要求毕业生进行自我评估，要有清楚的自我认识，发现自己兴趣的真正所在，要清楚地知道自己的实际情况，不可盲目。大学三年，每一年都有其该完成的目标，不仅仅要埋头于学习，还要注意一下周围的那些即将毕业的大学生们，看看他们是如何进行择业的，以便为自己找方向做好准备；第二年为定向期，知道了自己的具体情况就可以更清楚地为自己定位

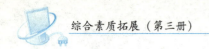

了，在此期间一定要打好专业基础；第三年为冲刺期，在定向的基础上好好努力，珍惜大学美好生活，时光将一去不复返。

（二）做好自我规划

根据社会需要和自身条件，及早做好自己的职业规划，增强择业的方向性，对于大学生将来能否顺利就业非常重要。对很多毕业生而言，与其说是"就业难"，不如说是"就业迷惘"，对自己未来发展缺乏科学规划，这往往也成为他们择业时感到手足无措的一个重要原因。大学生将来要找到理想的职业，一是先要未雨绸缪，及时明确职业目标，提前做好职业规划，有针对性地进行知识储备和社会实践；二是要通过科学的认识方法和手段，对自己的兴趣、气质、性格和能力等进行全面正确分析，认清自己的优势与不足，努力使自己的长处更长，把短处补长。"有志者事竟成"，只要有恒心、有毅力、坚持不懈地沿着目标前进，就必定会获得成功。

（三）摆正就业心态

一是结合自身的综合实力和专业特色制定一个适中的就业目标，就业目标是为实现职业目标的一个准备。二是要有良好的就业心态，就业本身就是一种竞争。由于大学毕业生年轻，往往有急于求成的心理，一旦在就业中遇到挫折，很容易意志消沉，一蹶不振。因此，保持良好的就业心态，对于大学毕业生顺利就业很重要。三是大学毕业生要充满自信，勇敢地去面对竞争，敢"推销"自己，既不能妄自菲薄，缩手缩脚，也不能狂妄自大，对工作挑三拣四，最终"高不成，低不就"。要清楚地认识到，求职遇到的困难、挫折、委屈是暂时的，在所难免的，一味地抱怨解决不了问题，关键是对待挫折要有充分的心理准备，坚信"天生我材必有用"，摆正位置、调整心态，变压力为动力，使自己能从容、冷静地面对就业这一人生重大课题，并做出正确而理智的选择。总之，我们要学会根据主客观条件的变化，审时度势，脚踏实地，才能够实现自己的目标，才能够最终实现自己的人生价值和理想。

三、大学生的择业决策

在人才竞争激烈的今天，有很多大学生都把找工作比喻成一场看不见硝烟的战斗。既然要战斗，就必然要做好充分准备，未雨绸缪，而不是每个月换一份工作，理由总是一个"不适合"。因此，大学毕业生只有树立正确的择业观，通过合适的择业决策，才能在多种选择面前作出最快、最准确、最合适的选择。

（一）选准目标

择业目标是"人职相配"，即择业者的职业理想的具体确立，首先要决定的是：我想成为一个什么样的人，从而我想从事一份什么样的工作。每个人都应该思考自己的目标，而且，目标越明确、越具体，越具有可操作性。

（二）拟订方案，并择优选定目标方案

有了明确的目标后，就可据此拟制行动方案。

（1）首先根据自身的能力特长、职业兴趣、性格特征、发展方向等状况，确定自己在职业领域、就业岗位、就业地区能够适应和胜任或更有利于自己成才、体现自身价值的工作。

（2）依据条件拟制出若干种择业方案。最好是咨询学校就业指导中心工作人员，请他

们对各种方案进行评价，再决断选择最优方案和备用方案。

（3）其实所谓选择不是是与非间的选择，择优就是选择在从事的职业中更能发挥自身素质优势，更有利于自身发展成才的方案。

（三）实施决策

目标是否正确，方案是否满意，都有赖于在方案的贯彻执行中加以验证。关注客观条件的变化，随时加以补充修正，做好应变的准备。

课堂思考

在择业前应该做好哪些准备？

第二节　跳　槽

跳槽是一门学问，也是一种策略。"人往高处走"，这固然没有错。但是，一次成功的跳槽可能使你的职业生涯"柳暗花明又一村"，一次失败的跳槽也能使你"前功尽弃、功败垂成"。那么当面临跳槽时，如何抉择才能取得职业的成功呢？

一、影响大学毕业生跳槽的因素

（一）学生自身方面

1. 对就业观念的错误理解

"先就业后择业"本来是为应对就业形势不乐观而提出的一种积极的就业观念。不少大学生认为应届大学毕业生没什么工作经验，第一份工作只是整个职业生涯的一个跳板而已，所以很多大学生根本不在乎工作岗位是什么，看到别人开始工作，自己也就匆匆签下就业协议。而这样的"先就业"注定了其在很短的时间内将重新"择业"。

2. 对角色转变的不适应

应届大学毕业生初涉职场，从学生角色转换为职业角色，面临着人生的重大转折。从学生到员工，角色的转换、生活环境的变化，使应届大学毕业生出现了不同程度的角色失调现象。有的适应不了公司严格的管理制度，有的不习惯职场当中复杂的人际关系，有的无法承受公司给予的沉重的工作压力，在这些过程中大学生不断地累积着对企业的不满情绪。在掌握了基本岗位技能，拥有了一定工作经验后，就开始想办法要摆脱现有的这种角色定位，从而选择跳槽。

3. 对职业生涯缺乏准确定位和长远规划

一个人的职业定位模糊，必定不能长久发展，选择职业，就是选择未来，必须要有长远规划。应届毕业生求职时，没有将职业选择与个人发展结合起来考虑，未进行自我分析与职业分析，未根据时代发展的特点和个人的性格、爱好、素质、能力等来选择适合的职业。因此，即便是找到工作也干不长久，最终陷入"找了换、换了找"的恶性循环。

4. 对专业特长过于追求

当代大学毕业生皆为"90后""00后",是一个非常特殊的群体,他们的思想复杂而多变,他们渴望被认可、被尊重,渴望自我实现,渴望成功。这些本应该给予肯定,然而,一些大学生过分追求发挥自己的专业特长,有着一种非本专业不干的"敬业精神"。他们进入企业,短期内不会拒绝从事事务性的工作,但是时间一长,一旦他们觉得没有从事本专业的热情,很快就会产生要和企业分道扬镳的念头。

(二) 企业管理方面

1. 片面追求人才高消费

一是随着教育改革的深入发展,在高校扩招的推动下,中国高等教育迅速实现了大众化,大学生就业市场也逐步由"卖方"市场走向"买方"市场。二是全球经济环境恶化,大学生就业难已成事实,不少学生为了找到一份工作,甚至不惜打出"零薪水试用"旗号,最终导致企业面对如此廉价的人才消费诱惑而改变初衷。一些企业老板或者人力资源负责人在招聘大学生时,一味盯住名牌大学的优秀学生,好大喜功、盲目拔高选才标准,从而忽视了工作岗位的任职资格是根据工作职责而定的这一准则,这就直接导致有些大学生进入企业之后,因为才能得不到完全发挥、远大抱负无法实现而选择离职。

2. 选择性传达企业信息

各类招聘既是企业招募贤才的有效渠道,同时也是扩大企业影响宣传企业文化的良好契机,所以大部分企业在进行招聘推介的时候一般都会有选择性地向大学生传达企业相关信息,比如不遗余力地宣传企业的优势因素,一味强调各岗位的未来发展等,想方设法回避一些不良信息及可能遇到的障碍和矛盾。甚至一些企业还夸大事实,向大学生传达一些与实际不符的捏造信息,这样学生就业后一旦发现企业提供了不真实或者不完整的信息,首先会对企业产生怀疑,进而产生受骗的感觉,换单位也就成为必然。

3. 没有系统的有针对性的培训计划

大学毕业生有着扎实的专业知识,但是缺乏良好的实际操作能力。如果企业没有提供针对大学毕业生的专门培训,或者培训工作不够系统,大学生在企业中的成长,就将完全依赖其自身的学习能力和适应能力。对很多学生来说,很难做到运用大学所学的专业知识去解决现实工作中遇到的困难,缺少了这些培训,大学生进入企业感受最多的就是工作压力和无助,他们中的部分人员将因无法适应工作而很快离职。

4. 缺乏待遇留人和感情留人的机制

作为用人单位,应该有一套完善健全的薪酬体系,同时,既要关注企业的壮大也要关注员工的成长,要懂得用感情留人。然而很多企业薪酬体系不科学、不合理,有的薪酬与岗位不匹配,有的明显低于行业平均水平,有的干多干少一个样,或者薪酬全凭部门上司说了算。有的企业仅为员工提供薪资,而从不关心员工的个人发展,老板不听下属建议、部门领导不同普通员工沟通,等等,这些都造成了员工内心的不安,时间一长,自然就有人选择辞职。

二、跳槽需斟酌

(一) 我们鼓励不跳槽,最好的状态其实是"等着被挖"

如果你是金子,一定不是到处上招聘网站投简历才有的 offer。而是通过平常工作中的资源,要么累积了人脉,要么展示了专业素养,让潜在雇主和老板注意到了你,在公司的角色中能够把你的个人标签自动匹配，从而向你抛来了橄榄枝。在工作中一定要利用各种机会表现自己，让更多的人注意到你。比如你文案写得好，那就找机会去兼职比稿。你演讲口才好，那就去一些相关的会议沙龙中做主持人。你策划能力强又爱折腾，那么就搞一点和未来职业有关的线上线下社群，等等。总之，现在的金子是要主动闪光的，否则很有可能被旁边比你爬得高的石头占了先机。

（二）跳槽不全等于升职和加薪

一想到跳槽，你会想到什么？估计多数人都会和升职、加薪联系在一起。但是，我们想告诉你的是，跳槽不完全等于名和利。这是为什么呢？

A 现在手里有两份工作。一份是他现在的工作，月薪 10 000，部门经理，没属下，公司已经在成熟阶段，项目稳定，后续潜力不大。另一份是他拿到的跳槽 offer，职位同样是经理，月薪 8 000，带 2 个属下，公司在迅速成长期，项目很有挑战，做得好，年底有分红和期权。如果是你，你选择哪个？

可能，从表面上来看，A 现在的工作和跳槽的 offer，职位都一样，至于薪水，现在的好像还更高一些。但是后一份工作明显得到的挑战更大，而且挑战成功之后，可能会有不错的现金和其他收入。并且，同样是经理，后者还能有团队管理的经验。如果你还未到 30 岁，还没在追求这么稳定，一眼看到头的工作，那么后者其实是会给你带来更多职业价值的。

（三）长线投资 VS 短线投资

俗话说，水往低处流，人往高处走。但是在跳槽这个问题上，有时候，并不是每一步都是往"高处"走的。有时候，退一步，可能是之后向前跳一大步的前提。

某创业公司的运营总监小 Q，在创业公司的两年，因为资源和条件有限，工作内容非常杂。当他动了离职念头想跳槽的时候才发现，过去非专而精的工作经验让他的工作选择处境非常尴尬。在经历了五六次面试后，最终拿下了某中大型公司的运营经理一职。这份 offer 起初让小 Q 非常犹豫，因为在以前的创业公司，自己好歹也是个总监，带着一个 5 人的团队。对比那家新公司，职位低了一级不说，工资也没怎么涨。但是最终小 Q 还是选择去了。事后，同事问他为什么，他说，他的直属领导是业界挺有名的一个运营大 V。虽然薪资和职位在当时不能算是最好的，但是在一个自己欣赏的领导手下工作，小 Q 觉得这点损失算不上什么。能在这个领导手下工作一年，小 Q 相信自己的专业技能一定会突飞猛进，在其未来的职业生涯中会是个非常重要的转折点。果不其然，现在的他已经跳槽到另一家高速发展的明星企业全面负责公司的整体运营工作了。不管薪资福利，还是未来职业前景，上了不止一个台阶，最终实现了自己的职业跳跃式发展。

所以，聪明的人，眼光永远在看未来，追求的就是你骨子里真正相信的东西，是不会被某些事情动摇的。

（四）"狼性文化"你适应得了吗

Y 是个天性比较自由的人。当然她的自由倒不是说在工作上会迟到早退，前两年在营销公司的工作性质会让她的工作时间不稳定，平时的工作沟通和管理也相对比较随性，这倒也符合她本身的性格，所以工作表现也一直不错。自从去年年中跳槽加入一家本地的电商公司新启动的新媒体部门后，她就一直开心不起来。原来这家电商公司给的薪资待遇虽然不错，但是公司的管理制度由于之前电商业务的关系，一直比较拘谨和严苛，还被内部员工常称之为"小富士康"，不仅严格规定上下班打卡时间，迟到通报批评以外，夸张的是，连桌上放支口红都有行政部的员工来扣分和罚款。Y 每天感受到的是这种工作制度带来的压迫感,这种压抑情绪让她喘不过气。不到两个月,就果断离职了。Y 的例子告诉我们,在决定跳槽前,请一定要去了解对方公司的文化到底是不是你喜欢的 style? 是偏稳定还是比较激进的?如果你明明是只羊却入了狼窝,那别说,你肯定生不如死。

(五) 跳槽中的 "跳一跳" 理论

网络上一款名为 "跳一跳" 的小游戏风靡一时。游戏很简单,如果你需要过关,那么就要你必须计算好每一步的力度、距离和位置,才能保证物体跳到合适的位置上,并且需要集中精力连过好几个高难度关卡后才能获得游戏的胜利。别看一款小小的游戏,其实不正反映了整个职业人的跳槽轨迹的变化吗?

当你还是新人的时候,你所选择的空间相对来说也会比较大,但也相对迷茫。当职业路径慢慢往后走,你的目标更聚焦,但每一步难度也会更大,必须结合行业的大势,职业发展前景和自身职业规划来考虑并做出选择。

(六) 不要通过跳槽来解决工作中的不满

如果你问职业人跳槽的原因,一定有人会这样回答你:在目前的公司感觉不被重视,和领导同事沟通不顺,项目遇到阻碍有挫败感,等等。在这里想要告诉你的是,如果你单纯是因为上述原因而选择辞职另谋高就的话,那么,你在新公司很可能会面临同样的局面和问题。

试着想想,你在原公司遇到沟通不顺、项目停滞真的都是别人或者公司的客观原因造成的吗?有没有反思过是自己没有主动推进过这件事?别人不愿意干的事情你是否可以主动多分担点?退一万步来说,即使在一个不怎么重视的项目中,有没有想过你该如何突破这个瓶颈?记得一位前腾讯员工谈到,在腾讯,很多成功的项目,都是当初资源条件并不那么好或者所谓的边缘部门创造出来的,微信和王者荣耀是其中比较典型的例子。如果成功一次,那么也许是带着一点运气的成分,但是多次出现这样的现象,就表明这一定有它的道理。

在资源稀缺的状况下,如果想做成一件事,你必须要想方设法跳出思维框架来想问题,而这个时候往往会爆发出惊人的潜力。而如果你从来没有过这样的阶段,把所有的不成功都归因于别人的错的话。那么,即便是你跳了槽,也并没有从根本上解决问题。

(七) 热爱是做好工作的前提

这句话人人都会说,但是要做到不是每个人都有勇气的。尤其那些在职业路径中变道赛跑的人。著名广告人小马宋在谈到他的职业经历时曾说到,28 岁之前,他是《财经时报》一个栏目的副主编,每月拿着 1 万多的薪水。但是他内心知道,自己并不热爱这份工作,即使花再大的力气,可能现在的位置就是他的天花板了。他内心最喜欢的是写东西和做创意,简而言之,想做个广告人,但是在之前,他都没有这方面的经验。28 岁的时候,他做了人生中一个重大的决定,就是降薪转业去了一家本地广告公司做初级文案,月薪 3 000。看到这里,我相信 90% 的人都会以为他疯了,这不是傻瓜吗?但是,小马宋告诉你,当你真正热爱这份工作的时候,你才有可能突破极限,做到最好。如今的小马宋,早已不是当年那个拿着 3 000 元月薪的初级文案了。作为广告人,他的作品在戛纳广告节获得了一尊铜狮奖杯,做过 N 家著名 4A 公司的创意总监和国内顶尖互联网公司的营销顾问。现在的他已经不用靠平台来拿工资了,开了一家公司,业务是以个人顾问的模式获得收益。走出舒适圈,踏上取经路。当然,前提是,你必须对自己有清晰的认知,到底什么才是你最想要的,而且努力并且坚持执行。简单来说：学习好的人往往是那些喜欢学习的人；最好的跳槽就是跳最少的槽。

目前我们应该怎样去进行职业规划？

1. 中共中央总书记习近平 2013 年 5 月 14 日至 15 日在天津考察时勉励当代大学生志存高远、脚踏实地，转变择业观念，坚持从实际出发，勇于到基层一线和艰苦地方去，把人生的路一步步走稳走实，善于在平凡的岗位上创造不平凡的业绩。这充分体现了总书记对当代青年的关心和期盼，对指引当代青年成长成才具有很强的针对性和指导性。

2. **闻善言则拜，告有过则喜。——宋代林逋《省心录》**

【释义】拜：古代一种礼节，同现在的作揖，意为感谢。听到别人的善言规劝，就表示感谢；听到有人指出自己的过失，就感到欣喜。

【解读】这两句原出于孟子："子路，人告之以有过，则喜。禹闻善言，则拜。"子路，别人指出他的过错，他就很高兴。大禹听到有教益的话，就给人家敬礼。

附录 1

校领导寄语

坚守初心　阳光前行
——在娄底职院 2019 届毕业典礼上的致辞

校长　朱忠义
（2019 年 6 月 23 日）

亲爱的同学们：

　　三年前，你们确认了"对的眼神"，从此成为娄职人。而今你们就要毕业了，此刻我不禁想到 2016 级会计 7 班邹甜同学，很高兴在优秀毕业生名单里看到你的名字，身残志坚的你是好样的！2016 级文秘 1 班杨小雪同学，这三年你很不容易，遭遇变故仍昂扬向上，我为你的乐观坚强点赞！今天毕业的 3600 余名毕业生，你们学思结合，学干相长，学以致用，祝贺你们终于拿到了代表能力水平的毕业证书。这场隆重的毕业典礼，是一个见证，是一场送别，是一次放飞，是一腔深深的祝福，祝全体毕业生健康快乐，前程似锦。

　　你们即将远行，作为校长，我有几句话送给大家。

　　一、前行路上，坚守初心，不改底色

　　初心是一个人最初的、最纯洁的、不带任何功利色彩、不被任何阴暗龌龊的东西污染的心。初心是一颗充满善良而没有邪恶的心，是一颗充满温暖而没有冷漠的心，是一颗充满阳光而没有阴暗的心，是一颗柔软包容而没有傲慢排斥的心，是一颗上进乐观而没有颓废消极的心。

　　初心令人向往，闪烁着人性的光芒，但把初心作为人生的底色，始终带着初心前行却极为不易。在纷纷扰扰的人世中，很多时候初心容易被成功、利益、掌声、赞美遗忘，容易被邪恶、黑暗、冷漠、狭隘、颓废遮蔽，在守护初心与更改初心的博弈中，初心有时不幸会被伤害，有时会逐渐变得陌生。

　　我希望同学们在经历了人生种种之后，依然能初心不改，阳光向前，让人性闪光。在迟暮之年，回首今生，你能坦然说，此生无愧，初心无悔！

　　二、前行路上，学干相长，精诚合作

　　当今世界，新知识、新技术层出不穷，更新速度奇快。想在工作中不断迸发出成功的火花，要做到"学习工作化，工作学习化"，在学的过程中结合工作，在干的过程中感悟学习，互相启发共同促进；要拿出"我要变成万人迷"的决心，长久坚持，练就一身过硬本领，妥妥地在工作的舞台上永居 C 位。

请你们一定要学会团结合作。一个人的本领再大,单打独斗也成不了大事。新时代的建设者一定要是高明的合作者,而不是"杠精"。要以积极主动、柔软包容的态度与他人真诚合作,与社会真诚合作,与环境真诚合作,建立共志、共义、共利的合作团队,谋求1+1>2的工作效果。

过硬的本领+善于合作=人生核心技术,希望大家在前行的道路上牢牢掌握核心技术,掌握主动权,走出不受干扰的硬核人生。

三、前行路上,顺应不迎,当下不杂

曾国藩从一个湖南的小乡村走到北京城,从翰林院的一个小生做起,一步步成为三军统帅,封侯拜相,是人中翘楚。但他的前半生十分不顺,带兵打仗屡败屡战,又屡战屡败,在他几近绝望的时候终于悟透了"物来顺应,未来不迎,当时不杂,既过不恋"这四句话,并成功帮助他走出困境,由此走向人生巅峰。

同学们,前行路上有康庄大道和灿烂艳阳天,但人生不如意之事十有八九,我们经常会处于纠结、茫然、迷惘之中,不论身处何种环境,希望你们对已经发生的事,无论好坏都勇敢面对,顺其自然去解决好;对未来之事,不要过分担忧,以免畏难情绪过重而影响行动力;对于过去之事不要再留恋,要持有"归零心态",归零顺境或逆境中的种种,轻装上阵,重新开始,心无旁骛地做好当下最紧要、最有把握的事,做到心中清明、专心致志、干净利落。

把握好顺应、不迎、不念、不杂八个字,这是一种智慧、一种思想、一种态度、一种方法。如果你处于人生中的黑色日子,希望悟好、用好这几个字,拨开眼前的迷雾,拥抱温暖的阳光。

四、前行路上,自律自省,自由自在

既要自律自省,何来自由自在?这不是自相矛盾吗?但我要告诉同学们,事实就是相反相成。85后辣妈作家卡西曾说过,你有多自律,就有多自由。自由不是随心所欲,是主宰自我又不影响他人的一种心灵自在。自律也并不是让一大堆规章制度来束缚自己,而是用心中的良知、信念、道德、价值取向、善良人性和内心尊严为自己构筑一个优秀的行为规范,最终为我们的生命争取更大的自由。如此,我们需要时刻反省,立足自己看自己,跳出自身看自身,用"第三只眼"找出自己的差距和不足,坚持补短板、强弱项,不断修品行、增才干,又久又远地赢得真正的自由,又久又远地拥有精彩人生。

请坚守好你的良知。不因金钱而改变良知,不为功名而摒弃良知,不邪恶,不阴暗,有坚持,有勇气,抵御诱惑,恪守做人的底线。请珍惜好你的时间。把有限的时间用在做有意义的事情上,不浪费,不虚度,增加生命的容量,提升生命的质量。请管理好你的情绪。充分运用好情绪这股力量,而不为这股力量所反制,始终保持淡定平和理性的状态,宠辱不惊,不做情绪的奴隶,当好情绪的主人。请养成你良好的习惯。坚持运动强身健体,坚持学习增能,坚持今日事今日毕,坚持简朴的生活,在简约中享受人生。

同学们,自律因自由而珍贵,自由因自律而致远。自律的路上请你持之以恒,自由的路上请你远离邪恶。守良知,惜光阴,在自律自省中走无愧于初心的自在人生之路。

同学们,这一别,山一程,水一程。"纸短情长,道不尽太多涟漪",希望你们在短暂而又漫长的人生长河中能做最真的自己,走最远的路,过最棒的人生。愿你所到之处遍地阳光,愿你在前行的道路上不负少年心,不负白头志,历尽千帆,归来仍是少年!

向着明天 努力奔跑
——娄底职院党委书记李文莲国旗下的讲话

党委书记 李文莲

（2019年7月1日）

各位教职工、各位同学：

今天是七月一日，我们聚集在文化广场，举行庄重的升旗仪式，共同庆祝中国共产党成立98周年，立意深远，意义重大。

鲜艳的五星红旗是由无数革命先辈的鲜血染红的，高扬的五星红旗是无数民族脊梁的昂扬挺立。98年来，在中华民族的解放、建设、改革的伟大进程中，一代又一代共产党人怀揣初心，为人民战斗、为祖国献身、为幸福生活接续奋起、凯歌前行；98年来，在中国共产党的领导下，中国从站起来、富起来，走向强起来，中国特色社会主义进入了新时代，中华民族伟大复兴展现出前所未有的光明前景！历史与现实一次次证明：没有共产党就没有新中国，没有共产党就没有中国特色社会主义新时代。

抚今追昔，心潮澎湃。

我要对全校教职工说：忠诚党的教育事业，潜心教书育人，是我们每一个教职员工的价值追求与行动指南。

我们要人人关爱学生，无论你是管理干部、任课老师，还是后勤人员，你的一言一行、一举一动、一颦一笑都体现了个人修养和素质，代表着学校形象，投射出学校的办学理念和人文情怀，都会在学生的成长中留下印记，只有"学高为师，德高为范"，才能当好学生的心灵导师、知识导师、行为导师；我们要时时关爱学生，从招生入校到毕业工作，从课堂到课余，从学习日到双休日，三年"无空当"关心学生成长；我们要处处关爱学生，拓展平台，延伸"手臂"，在课程、科研、实践、文化、网络、心理、管理、服务、资助、组织等方面用心用情用力，让学生坚定理想信念，开启心智，健康体魄，全面发展，真正使"三全育人"抓在细处、落到实处。

我要对同学们说：让自己成长为德、智、体、美、劳全面发展的合格建设者和可靠接班人，是每一个同学的价值追求与行动指南。

青年智则国智，青年强则国强。当前，我国正处在实现"两个百年"奋斗目标的征程中，中华民族伟大复兴的中国梦将在你们手中实现，大家要找准人生坐标，在大学这个至关重要的阶段，珍惜学习时光，珍惜师生情谊，珍惜青春年华，让"专业技能"强起来，让"眼界格局"阔起来，让"能力素质"硬起来，坚持不懈，久久为功，将自己锤炼成展翅翱翔的雄鹰，成长为党和国家信赖的中国特色社会主义建设者和接班人。

老师们、同学们，老师强则学生强，学生强则学校强，学校强则教育强，教育强则国家强，国、校、师、生就是一个命运共同体。让我们放眼未来，逐梦当下，在党的坚强领导下，胸怀大局，努力奔跑，以永不懈怠的精神做勇敢的追梦者，以优异的成绩向新时代交出满意的答卷！

祝中国共产党永远年轻！

祝伟大的祖国繁荣昌盛！
祝我们的学校蒸蒸日上！

在社会大学中修好安身立命的"三门课"
——在娄底职业技术学院2018届毕业典礼上的致辞

校长　朱忠义
（2018年6月24日）

亲爱的同学们：

又到一年毕业季，今天的娄职校园张灯结彩，喜气洋洋。我们齐聚在这里，为2018届毕业生举行隆重的毕业典礼，和同学们共享收获的喜悦，共话别离的眷恋。在此，我谨代表学校，向学业有成、即将踏上人生新征程的全体毕业生表示最美好的祝福！向精心培育你们的老师、鼓励支持你们的亲友，致以诚挚的感谢和崇高的敬意！

同学们，你们毕业了，除少部分同学继续深造外，大多数同学就要离开你们熟悉的校园、脱离父母的护育走入社会，我想此刻大家的心情是喜悦中带有期盼，踏实中掺有疑虑，自信中略有茫然……你们所要走入的社会是一个机遇与挑战并存的社会，是一个风险与收获共存的社会，是一个资讯爆炸、需要独立判断和理性思考的社会，是一个需要勇气与自信、更需要道德与良知的社会。我希望大家面对这个复杂而有压力的社会，能够穷尽智慧，修好人生安身立命的"三门课"。

一、敬重生命，让人生闪光

生命属于人只有一次。每一个生命都是独一无二的，不可复制，具有无与伦比的价值，弥足珍贵。

一要优其质。生命是中性的，它承载着正义、荣光，也承载着邪恶、贪婪。生命中孕育的精神价值，决定了生命的轻与重，决定了生命的伟大与渺小。只要严格自律，奉行善道，心有他人，坚守正义，有敬有畏，每一个平凡的生命都可以发光发热，既照亮别人，又温暖自己，反之则生命灰暗无光。人生路上要不断提升生命质量，让生命闪耀光辉。

二要明其责。生命不是一个孤立的个体，它是一个承系着亲人朋友的关爱，更担负着对亲人、朋友、社会责任的社会体，任何放弃和伤害自己生命、藐视和侵害他人生命都是不负责任、不讲道德、懦弱的行为。人生路上难免会遇到挫折和失败，这些都是人生考验，既要倾尽全力，又要顺其自然，任何时候都不抛弃，不放弃，不伤害。

三要养其乐。金钱、名誉、地位可以让我们感到一时的满足和快乐，但却无法长久快乐。怎样才能让人生持久的快乐呢？我想快乐莫过于化繁为简。拥有强健的体魄，以积极、宽容、乐观、善良、阳光、真诚的心态过着朴素健康、兴趣高雅的简单生活，远离病痛折磨，微笑面对困难，便是人生的快乐。

二、谦卑做人，让人性闪光

谦者以其卑而成就其尊。在人际关系中，你没有权利要求别人尊重你，但你却有能力、有办法把自己做得更好并用心去尊重别人。当你做到了，别人自然而然就会尊重你，这就是谦卑之道。谦卑是把自己放得很低，却立足很高，让别人走进你心里，让你融入他人心中。

谦卑是一种品格，一种修养，一种方法。只有谦卑做人，人生之路才会越走越宽。

要有孝道为基础的品德。"动天之德莫大于孝。"要将孝道作为必须要扣好的"第一颗扣子"。由此推己及人，"老吾老以及人之老，幼吾幼以及人之幼"，进而涵养品格，常怀谦卑之心，忠诚党和国家，忠于人民，懂得礼义廉耻，成为具有高尚道德情操的人。

要有诚信为支撑的准则。"感物之道莫过于诚。"人在社会中能否深得人心，在于其是否能以谦卑真诚的态度，以心换心，以诚换诚，使人接纳，让人信任。人与人之间只有谦卑诚信，才能相互尊重，才能合作成事。

要有责任为根本的担当。以谦卑的胸怀和行为，脚踏实地地担负起应尽的责任。要承担起照顾父母妻儿的责任，要挑起"天下兴亡，匹夫有责"的担子。

要吃得苦。要吃别人不能吃的苦，受别人不能受的罪，在艰难中磨炼，在逆境中成长。

要吃得亏。在利益面前，不要斤斤计较，宁可自己吃亏，也要以集体利益、国家利益为先，以成全他人利益为乐。

要做得细。"人低为王、地低为海""宰相肚里能撑船，将军额头能跑马"。要能屈能伸、低调做人，这样方能成就一番事业。

三、以德育职，让事业闪光

以德育职，德是土壤，职是树木，只有肥沃的土壤才能培育参天大树；德是山体，职是山顶，只有稳固的山体才能托举起高耸的山顶。德与职不仅是养与成的关系，还是递与进的关系。拥有职业，以职业为生存工具，只是拥有"瓷饭碗"；拥有品德承载的职业并将职业作为事业，那就拥有了"金饭碗"，才能培育职业精英，铸就职业品牌，成就熠熠生辉的职业生涯。要让职业闪光，重点要做到：

主动工作，不计得失。以主人翁的精神，铆足干劲，使尽浑身解数，不仅要开心地种好自己的责任田，而且要不计回报地为他人种好责任田提供条件。

真诚合作，主动补台。合作精神是最基本的职业精神，合作态度是最基本的职业素养，要以干好本职工作的主动态度和与人真诚合作的精神，谋求 1＋1＞2 的工作效果。团结协作，才有好戏连台；相互拆台，就会一起垮台。

崇尚一流，精益求精。在工作中要树立"没有最好只有更好"的意识，永不满足，永不懈怠，追求卓越，坚决不做"差不多先生"和"还凑合小姐"。

养成良习，严守规矩。纪律是达到一切雄图的阶梯。工作中要懂规矩知行止，明荣耻知敬畏，做到慎独慎微，勤于自省，不逾规，不逾矩，养成守时守纪守法的良好习惯，遵守公序良俗，严守底线，事业的小船才会行稳致远。

同学们，生命可以平凡，但不能平庸，可以甘于平凡，但不能甘于平凡地溃败；生命的意义不仅仅在于追求财富、地位、名誉，更在于追求实现人生价值和人性的真善美，追求内心世界的快乐和宁静。在生命中注入高尚品行，服务他人，奉献社会，不怕心头有雨、眼底有霜，未来就有无限可能，人生就定会出彩闪光。

最后，祝同学们行稳致远、事业有成、人生幸福！

带着"三心"扬帆前行

——在娄底职业技术学院2017届毕业典礼上的致辞

校长 朱忠义

（2017年7月6日）

各位领导、老师，亲爱的同学们：

又是一年毕业季，美丽的娄职校园再次弥漫着收获与离别的气氛，我们2017届2183名专科毕业生即将踏上新的人生征程。在此，我向朝气蓬勃的你们表示热烈祝贺！向辛勤耕耘的广大教职员工致以崇高敬意！向所有关心支持同学们成长成才的广大亲友、校友和各界人士，表示衷心感谢！

6月23日，我来到娄底职院，到今天正好两个星期，我只当了你们十四天的院长，却要在证明你们学业有成的毕业证上印上我的名字，这使我深感荣幸，又深感遗憾。荣幸的是我的名字会跟着你们行走人生，遗憾的是没有陪伴你们成长。

34年前，我和你们一样，也是在这个季节，走入了我的毕业季，当时的心情五味杂陈，既充满了对未来的期待，又感觉前路渺茫；既充满了回馈社会和父母的责任感，却又深感有心无力；既充满了对母校、老师、同学的眷恋之情，却又不得不挥手离别。34年过去了，当时的青年现已是两鬓染霜。趁这个机会，以一个青年所走过34年的人生路程和大家谈几点感悟，也算是没有陪伴过你们的我，赠送给你们的毕业寄语。

一、带着"善心"前行，让人生之路越走越宽

"善心"可以助我们获得成功，当我们做到"止于至善"的时候，我们就会拥有"善邻"，遇到"善师"，享有"善友"，我们人生的道路就会越走越宽。

要多做利人利己之事。只有利人利己，才能减少矛盾和纷争，才会实现双赢。

要不做损人利己之事。俗话说"杀敌一千，自损八百"，当你损害他人利益时，人生之路就会越变越窄。

要乐做利人不利己的事。常求有利别人，不常求有利自己，心底无私天自宽，人生会越来越美好。

要有宽广的胸怀。包容他人的不足，宽容伤害过你的人。让朋友慢慢多起来，冤家慢慢少起来，在人生历程中化敌为友，化干戈为玉帛。

二、带着"匠心"前行，让人生之路行稳致远

匠心是一种专业精神，匠心就是一丝不苟，精益求精，追求卓越。带着匠心前行，我们的专业品质和专业信誉就会与人同步成长，人生之路必定行稳致远。

一丝不苟，就是不随流俗，严守程序，严守标准，严守规则，严守内心的良心尺度。不偷工减料，以专业行为铸就专业品质。

精益求精，就是要做到最好。干一行，爱一行，专一行，将程序动作做成艺术动作，将产品做成精品，始终追求和保持专业领域的一流水平。

追求卓越，就是做到更好。勇于探索，超越自我，创造人无我有的领先地位。

三、带着"快乐之心"前行，让人生之路充满幸福

快乐是对外在事件的正面心理反应，痛苦是对外在事件的负面心理反应。人生不如意事十之八九。如何调整心态，淡定对待外界负面事件，是内心快乐的关键。以乐观淡定心态对待负面事件，人生就会笑口常开，快乐常伴，幸福常随，希望同学们加强心理修为，做到"三个正确看待"。

正确看待自己。看清自己的长处和短处、优势和劣势，不因外界的藐视而看不起自己，不因外界的恭维而飘飘然。顺境时，别人看得起你，你要看得清自己；逆境时，别人看不起你，你要看得起自己。

正确看待今天和明天。每一个今天弥足珍贵，不带着今天前行，明天永远在起跑线上。同时我们也应看到，每一个明天都非常美好，它可以消弭今天的一切不幸。当今天你已尽最大努力却一无所获时，请不要悲伤，那就翻过今天，迎接明天的太阳。

正确看待名利。名利之心虽然人人皆有，无可厚非，但一定要清醒地认识到名利只是伴随你人生前行的一个外壳。终其一生，人生对名利的需求不需要太多，真正体现你人生价值的是内心世界折射出的人性善良和爱的光芒。在名利面前，要有努力而不强求的淡定心。要有不止于眼前的势利，却追求远方的诗和田园的生活情怀，恪守"穷则独善其身，达则兼济天下"的传统价值观，守住"安之若素"的平常心。

同学们，"娄职，曾经来过，就是永远"。请记住娄职对你们的情谊。即将启程之际，将这段求学时光装进行囊，让母校的牵挂陪伴你们走遍海角天涯。期待十年后，在你们当中产生大师级蓝领巨匠，期待二十年后，在你们当中产生"蓝领皇帝"。

我相信你们，并深深地祝福你们！

谢谢大家！

附录 2

就业创业明星

一、娄职毕业生朱建明：自创品牌的"天蓬元帅"

朱建明是娄底职院建艺系2011届艺术设计专业毕业生。见图附录2-1。毕业两年半后，创办长沙天蓬元帅品牌设计有限公司，专注于品牌策划、品牌设计、商标注册等领域。"天蓬元帅"这个品牌，让人记住了这个与女友同姓"朱"的精干小伙子。

图附录2-1 娄职毕业生朱建明

第一次中标在学校 获500元"大奖"

朱建明是个刻苦的孩子。在娄底职院读书时，专业知识较扎实，每次在课堂上有没学透的，他就会觉得心里不踏实，回到宿舍之后就看视频教学或网上学习相关的知识，直到学会为止。

学的是设计，朱建明开始小试牛刀，在校期间多次参加网上投标活动。刚开始多次 logo 设计投标都石沉大海，但朱建明没有气馁。经过总结，他发现商家青睐的商业设计和学校学习的设计有一定的差别，只有把学校学的专业知识跟社会、跟商业结合起来，这样的设计才能卖得出去。功夫不负有心人，在第 N 次投标后朱建明终于中标了 500 元"大奖"。虽然钱不多，但是他非常兴奋，请宿舍同学小吃了一顿。这事让朱建明同学更加坚定了走设计这条道路的信念。

积累 + 专注 = 自创品牌

2010 年 9 月，朱建明开始实践。他的第一份工作是在娄底唯一视觉摄影工作室任数码设计师，负责照片处理、相册设计等；2011 年 3 月，他来到省城寻求更大的平台和视野，在长沙基业长青知识产权有限公司任商标设计师，负责 logo 设计、VI 设计等；2012 年 7 月朱建明跳槽到长沙圣达品牌设计有限公司任品牌设计师，负责品牌策划、品牌设计等。经过一系列的打工、实践，朱建明积累了丰富的设计经验，2013 年 6 月他毅然辞职，开始自己开拓业务，自己接单然后完成设计，成为一名自由职业者。由于此前在工作中与客户建立了良好的关系，不少客户直接找上门来请他做设计，朋友也介绍了一些设计业务，生意做得红红火火。

毕业时，朱建明与女友就有自创品牌的理想。从毕业前的顶岗实习阶段起即开始从事企业标志及品牌设计工作，在获得了足够的积累后，2014 年 3 月，朱建明跟女友创办了长沙天蓬元帅品牌设计有限公司。

"好多人都问公司为何起这个名字，其实很简单，我俩都姓朱！"朱建明说，起名首先是源于自嘲调侃，其次是为了表达公司的核心经营理念——要做湖南最有意思的品牌设计！"个性鲜明且富有灵魂的品牌往往更受消费者的青睐。"果然，跟他们打过交道的客户、朋友很快记住了这个别致的品牌。

公司吸引了一群有思想、有朝气，意趣相投的设计及策划团队，如娄底职院、湖北美术学院、湖南工艺美术职院、江南大学、湖南师大等全国各大高校的设计人员加盟。公司已经为禾田昌食品、乔舒童鞋、新都农车、太阳雨太阳能热水器、正能电力、物联保险、东方电瓷、醉有味槟榔等上百余个国内品牌、数十个行业领导品牌创建提供设计服务，无不凸显"品牌感觉、品牌灵魂、品牌味道、品牌乐趣"的公司理念。"我们会深入企业详细了解品牌情况，刨根问底帮你厘清前五百年在干吗，后八百年打算干吗，运用先进的品牌管理经验和创新的服务体系，帮助品牌创建未来，打造更多有意思的中国品牌。"对于设计理念，朱建明有自己的一套理论。

朱建明认为设计师不能只懂得做设计，还要懂得做调研、做策划，最重要的是要懂得如何做人。设计师必须要有责任感，敢于担当，要以服务的姿态与客户打交道，发生分歧时要学会冷静地用专业知识和设计经验说服客户，不要怕吃亏，多替客户着想，多为他们提供方便，这样才能拥有稳定的客户群。（欧阳琦）

二、娄职毕业生易思奇：从外贸到外语培训的华丽转身

易思奇毕业于娄底职院 2008 届商务英语 2 班。现为新华夏阳光培训学校教务主任，兼英语教师。见图附录 2-2。毕业后，她从外贸业务员做起，一步一个脚印，做到总经理助

理、翻译，再转行任职英语教师，凭借扎实的专业技能，实现了自己的华丽转身。

图附录 2-2　易思奇（中）与学生、外教在一起

从外贸起步

优秀班干部、三好学生、国家励志奖、英语演讲比赛一等奖……这些都是易思奇在娄底职院获得的荣誉。"学院给了我起跳的平台。"易思奇说，在校期间，各种兴趣社团、技能竞赛、体育运动活动让她甘之如饴，充分发挥了自己爱说爱唱爱动爱学习的特长。她非常重视学习，在校学习认真，自考了本科文凭。此外，大二暑假时，她已开始进行专业实训，在上海格林电子股份有限公司担任外贸业务员，主要负责客服，维护客户、开发客户。

2008年3月，拿着有着不俗成绩的毕业推荐书，易思奇顺利入职珠海艾普伦特电力有限公司，担任总经理助理兼采购。"总经理助理就相当半个经理，要处理总经理所有日常事务，翻译进口产品的说明书及技术资料，协助总经理的业务拓展，并负责产品技术支持进行现场工作指导等。"谈起那段经历，易思奇仍是感觉充实。

由于表现出色，2009年，易思奇被派驻艾普伦特集团越南、印尼办事处，担任总经理助理兼翻译，负责越南、印度尼西亚等地区的国际采购业务，翻译各种技术资料、商务合同文件，协助总经理的业务拓展，并承担翻译工作等。

进军前景广阔的外语培训产业

虽然一切顺利，工作得到了公司的认可，可易思奇却思考着转型。"我看到了一个更广阔更有前景的产业——外语培训。"经过深思熟虑，2010年12月，易思奇来到珠海英桥儿童教育培训机构，做起了英语教师。"现代家庭大多是独生子女，父母在孩子身上是最愿意花钱花心思的。教育培训就是我今后的方向。"易思奇一边参加学校组织的培训，参与教学、教研讨论，认真做好英语教学工作，一边留心学习学校的管理与办学模式。

家里人希望易思奇返回家乡。2012年9月，易思奇来到新华夏阳光培训学校，担任教务主任与英语教学工作。除了前期咨询、报名、招生宣传等工作外，她还负责编排各类课程，负责学校的教学管理工作，维护正常的教学秩序。

"以前做外贸，更多的是跟单、跟文书打交道；现在做培训，主要是与人打交道，而少儿英语尤其能锻炼人沟通、交流、组织、表达能力。"对于少儿英语教学，易思奇有自己的想法。

易思奇认为，少儿英语教师是孩子英语学习生涯的引路者，如果引错了路，孩子的学习就会走很多弯路，损失很大。她认为，少儿英语教师要指导学生掌握和运用科学的学习模式；在课堂教学过程中要注意渗透学法，展示学法，化教法为学法；要培养孩子形象思维能力或"视觉表象记忆法"学习能力；要培养孩子的反思解悟能力，不断帮助孩子提高英语学习与运用能力。

"我看好这个行业，条件成熟时我会开办自己的培训机构。"自信满满的易思奇最终说出了自己的梦想。（欧阳琦）

三、娄职毕业生徐善武：从练摊到办公司

徐善武是娄底职院财贸系 2014 届市场营销班毕业生。见图附录 2-3。这个从初中时就开始练摊的小老板，大学期间专注于自己喜爱的市场营销专业，大二创立娄底市驭鼎信息咨询有限公司，大三入驻明达教育集团明达联联科技有限公司任股东及副总经理。一路走来，他说，自己最大的感受是——坚持就是胜利！

图附录 2-3 娄职毕业生徐善武

独特的家庭教育练就一身胆

徐善武家境不错，他的父亲有着独特的教育理念，从小就要求孩子理财，自给自足。还在初中时，徐父每周给他 50 元生活费，迷上上网玩游戏的徐善武为了吃饭、上网两不误，

晚上经常逃课去旁边的邵阳卫校摆地摊卖饰品，算是开始了自己的第一次"创业"。

徐父知道了徐善武的"创业"经历，在徐善武上高中时，跟他进行了一次影响他一生的谈话。徐父决定帮徐善武缴纳高中第一学期的学费，之后的一切费用（包括学费、伙食费、住宿费）全部让徐善武自己去承担，并且在家中吃饭要缴纳2元/餐，住宿5元/晚（备注：这个方案一直实施到现在）。

叛逆的徐善武一口答应，从此开始自力更生。而因为他的独立、大胆，徐善武一连当了2年班长，也在班上带出了一支富有激情、喜爱创业的团队。

摆摊、推销、创业：甘之如饴

2011年，徐善武来到了娄底职院，开始了人生的第二个关键性阶段。在这里，他担任了院学生会外联部干事、部长助理、院广播站广告部干事、广告外联部部长；在这里，他荣获了娄底职院创业大赛一等奖、五四表演二等奖、大学生心理情景剧大赛二等奖、风采之星大赛优胜奖，财贸系金话筒主持人大赛优胜奖、乒乓球比赛男单亚军；在这里，他遇到了好的专业老师，和自己未来的合作伙伴——志同道合的同学刘象龙。

当时老师们组织他们搞专业实训，徐善武和刘象龙还有班上一位男同学，冒着大雪去宿舍推销产品，基本每晚工作到凌晨，很辛苦很累，但那一次他们挣了不少钱，团队也初步组建。之后他们还干过很多小买卖，挣够了学费和生活费。

摆摊、推销之后，他们思考着进一步的发展。机遇不期而至，2012年，娄底职院拿出学院临街门面，给同学们做创业孵化基地。徐善武和他的团队以"旅行一卡通"项目成功通过遴选，入驻创业街。"旅行一卡通"是一种新式的卡券消费，类似打包多个商户的会员通用卡。徐善武和他的团队联系大量商户，由商户让出部分利润，会员缴费购卡享受商户的折扣优惠。这种模式实现了商户、会员的双赢，随着宣传与推广力度的加大，越来越多的学生开始接受，并吸引了一些教师、社会人员购买。

"要上课还要开展工作，带领团队、管理团队、开拓市场、售后服务，等等，每天就像一个陀螺！"项目初期，徐善武非常辛苦，也进一步明白了效率的重要性，团队的重要性。

一次偶然的机会徐善武结识了明达集团的董事长，聊起自己的项目，董事长十分感兴趣，给项目注资，在明达集团公司下成立了明达联联科技有限公司。集团公司的资金注入是分阶段的，创始初期，因业务开展不畅，集团停止注资，徐善武和他的团队感受到了巨大的压力。为了省钱开展工作，徐善武他们买了10块钱海带和2包盐，水里放盐发着海带生长，就这样他们吃了一个月的海带。皇天不负有心人，业务终于有了起色，集团再次注资，徐善武他们也终于结束了吃海带的日子。徐善武说，这辈子他大概不会再吃海带了。

目前，在明达集团的帮助下，明达联联科技有限公司成功与银联商务公司及湖南省农村信用合作社合作，实力日益强大。

"大学时间充裕，创业虽不是最好的选择，却可以让你变得优秀。年轻时不去做自己喜欢的事情，何时去做？"徐善武说，因为有这样的共识，再苦再累，团队也会一直坚持，他们坚信，这个项目一定会成为他们人生的骄傲。（欧阳琦）

四、娄职毕业生欧立杰：像煤炭一样　厚积薄发方有为

欧立杰，男，2009年进入娄底职业技术学院煤矿开采专业学习。见图附录2-4。2012

年在全国职业院校技能大赛"淮北矿业"杯（煤矿安全）高职组煤矿瓦斯检查项目比赛中荣获二等奖，在校期间取得电工证、CAD证、计算机高新技术合格证、英语A级证、普通话等级证、驾驶证，担任院武术协会会长；入职不久，被公司遴选派往国外煤矿工作，并升任副矿长，这就是娄底职业技术学院一名90后毕业生的简单经历。

图附录2-4 欧立杰在秘鲁的公司办公

在学习中充实自我

欧立杰出生在湖南省宁乡市一个普通的农户家中。从小，他立志用读书改变命运。2009年，欧立杰考入娄底职院煤矿开采专业。学习上他非常刻苦，认真学好专业知识，还经常听各种讲座，花大量时间阅读课外书籍，拓宽自己的眼界和知识面。

农村的孩子早当家。当初选择煤矿开采专业，就因为这个专业为娄底职院的特色专业，不但办学实力强，学费优惠且与当地煤炭企业签订有就业协议，就业有保障，待遇优厚。平时生活上欧立杰勤俭节约，他还做过很多兼职，一方面锻炼自己，一方面减轻家庭负担。

在竞赛中提升能力

欧立杰知道，作为职业院校的学生，实践能力应该成为自己的强项。他非常重视理论知识与实践的结合。2009年10月他参加了矿山测量实训；2010年6月在资江煤矿参加了矿山地质实习，11月在斗笠山煤矿参加了井巷工程实习；2011年6月在娄底职院完成了开采方法和井巷工程的课程设计；2011年6月在资江煤矿参加了矿井通风与安全实习。实践中欧立杰积累了丰富的经验，最终在2012年的全国职业院校技能大赛"淮北矿业"杯（煤矿安全）高职组煤矿瓦斯检查项目比赛中一鸣惊人，获得二等奖。

值得一提的是，欧立杰在娄底职业技术学院求学期间还担任了院武术协会会长，这对他的组织能力、宣传能力、责任心等方面都是一次跨越性的提升。

就业：吃苦耐劳　终有回报

大学毕业后，欧立杰顺利进入庄胜集团位于冷水江的大建煤矿工作。煤矿行业的工作条件不是很好，每次下井上来，脸上铺满煤灰，只能看见转动的眼珠。每当遇到地质条件恶劣地段，工程量就会加大，工作时间也相对加长，不仅如此，还得想尽各种办法来处理并改善工作条件以保证生产安全和生产质量。看到这样的环境，欧立杰选择勇敢面对，没有埋怨、没有浮躁，因为煤矿的安全生产来不得半点马虎，更因为他热爱这份工作，立志要干一行爱一行、专一行精一行。"相信方法总比困难多"，这是欧立杰的口头禅，也一直鼓励他战胜一个个困难。

除了干好工作，欧立杰还坚持利用空余时间认真学习，掌握了最新行业规范及国家有关规定，巩固知识，做到理论与实践结合。在领导和同事的悉心关怀和帮助下，欧立杰的工作能力有了飞跃式的提升，井上井下对照图、采掘工程平面图、通风系统图、井上井下配电系统图等重要的图纸他手到擒来。而他对工作的热情，对工作的态度，更是得到了大家的一致肯定。

努力没有白费。2013年，庄胜集团在秘鲁购买了几个煤矿，缺少管理人员。最终公司推荐欧立杰和另外4名同事（也是娄底职院毕业生）去往秘鲁煤矿工作。2013年4月，欧立杰来到了全新的国度——秘鲁。他不但接触到世界各地的人，了解了国外的文化，还学到了很多新知识。为了跟大家有更好的交流，欧立杰每天都在努力学习英语、西班牙语。他在国外主要从事采矿技术工作，担任副矿长，税后年薪达15万以上，还可享受一年近一月的带薪休假，并报销回国往返机票。

欧立杰知道，人生无涯，学习也必然没有止境。他说他要像煤炭一样，厚积薄发方有为。（欧阳琦）

五、娄职毕业生谭忠志：电子行业弄潮儿

谭忠志，2006年毕业于娄底职院2003级应用电子技术1班。从电子行业辛苦营销，到创立一家电子元件公司，谭忠志积累了四年。而从零销售额到年销售额过千万，谭忠志也用了四年。谭忠志说，自己的成功得益于一个良好的心态。

学习不易　思考出价值

谭忠志是湖南长沙人。2003年，他进入娄底职院2003级应用电子技术1班学习。谭忠志为人活跃，组织能力与管理能力较强，在校期间他当了班长，还竞选上了学生会的干部。

谭忠志比较注重专业知识的学习，学习成绩较好。在校期间，谢完成等几位老师都对他有比较深的影响。"电子行业日新月异，要想做出成绩，一定要多看、多学习、多思考，找到创新点，才能创造价值。"谭忠志牢牢记住了老师们的话。

工作不易　努力出成绩

2006年毕业时，谭忠志给自己进行了定位：希望找一份跟自己专业相关的工作，结合自己善于与人沟通的特长，从销售员这一职业切入电子行业。娄职毕业生谭忠志见图附录

2-5。

图附录 2-5 娄职毕业生谭忠志

刚进公司时，谭忠志还不懂什么是销售。因为是应届毕业生，他的姿态放得非常低，对工作的态度可用一丝不苟、努力拼命来形容。

去谈第一个客户的时候，由于对产品不甚了解，谭忠志直接被客户拒绝了。虽然被拒绝得很彻底，但他并未灰心。谭忠志想：我的能力也许暂时得不到认可，但勤能补拙，学习一定可以帮助自己前行。谭忠志利用一切时间熟悉自己的公司及产品，了解电子行业的发展动态，在不懈的努力下，三个月之后，谭忠志终于拿到了第一单业绩。谭忠志把它看成坚持的胜利。"客户拒绝我，我会感激他让我进步。只要自己对自己有信心，对人坦诚相待，相信付出总会有收获。"

就这样四年过去了，谭忠志一直在那家公司做销售。公司的规模从最初的几十人发展到了近千人，谭忠志也开始思考自己的未来。"是不是应该挑战一下，自己创业发展？"谭忠志明白，如果不离开公司，公司会给出越来越优越的待遇。就在他选择离开时，公司老总出面挽留，明确表示提供房子并配备一台专用车。这些条件很诱人，谭忠志也确有犹豫，但最终他拒绝了。

创业不易 创新立潮头

2010年年底，谭忠志和家人一起创立了深圳市鑫触电子科技有限公司，以研发生产液晶屏为主业。当时的深圳已遍地都是电子元件厂商，如何在林立的同行中搏杀出位，成为谭忠志重点思考的问题。创业之初的艰难可想而知，一切都得从头开始。广州的夏天热得像个火锅，谭忠志拿着自己的产品一家家上门推销，无数次被人拒绝，又无数次鼓起勇气继续预约洽谈。衣服无数次被汗湿，又无数次被烤干，饿了就啃个面包，渴了就喝瓶矿泉水。一段时间后没有进展，谭忠志也开始怀疑自己，动过放弃创业重回公司的念头。但最终他还是咬牙坚持下来，"就当再给自己一次机会"，逼着自己前行。

在一次又一次失败中总结经验和教训，深圳市鑫触电子科技有限公司慢慢地走上正轨。谭忠志认为，公司要想长久发展并持续壮大，必须拥有一个具有一定科技含量的拳头产品。公司汇聚了一批 LCD 工艺管理、软件设计、LCM 流程控制领域的资深工程师，配以先进的研发/检测设备，造就了一支出类拔萃的研发队伍。目前公司已成功开发出上千款 LCD、LCM 和 TFT 产品，产品广泛应用于数码电子产品、家电产品、通信产品、手机、学习机、GPS 导航器、仪器仪表、医疗设备、工控设备、航天、军工等诸多领域，年销售额也达到了 1400 万元。

回首来时路，谭忠志说，无论做什么，第一要踏实勤奋，第二要对人真诚，不管选择什么，做一行就要爱一行。失败不可怕，只要总结经验和教训，一定会慢慢踏上成功之路。（欧阳琦）

六、娄职毕业生李佳文：如歌岁月　铸建筑梦想

李佳文，2010 年毕业于娄底职院建筑工程技术专业。见图附录 2-6。毕业后，他来到中建五局就职，始终扎根施工一线，历经五个大型项目的学习与考验，用青春和热血书写了自己壮丽的人生篇章。

图附录 2-6　娄职毕业生李佳文

为了兴趣而学习

李佳文祖籍四川成都，是湖南湘潭人。家族里祖孙三代是工程行业从业者，从小李佳文耳濡目染，很早就确立了工程师的梦想。

2007 年，李佳文怀揣着梦想报考了娄底职院。"现在开始，我要为自己的兴趣和梦想努力拼搏了！"他选择了建筑工程技术这个专业。

憨厚朴实的李佳文人缘很好。他学习勤奋，表现优秀，非常热爱文体活动，在大学期间

担任了班主任助理、系学生会文体部部长等职务，荣获了多项文艺大奖。在孜孜不倦的努力下，毕业后不久，李佳文取得了土木工程专业的自考本科文凭。

工作：一丝不苟，全力以赴

2009年8月，李佳文来到中建五局三公司湘潭建设路口步步高改扩新建项目部实习。做建筑这一行，专业基础固然重要，但工作经验尤其是承担重大项目的经历非常关键。李佳文深深明白这一点，所以他要求自己面对困难不退缩，面对艰辛不言苦，一定要坚持下去。他把自己完完全全交给了工作，所有的时间，所有的精力都给了奋战着的项目。

努力付出终有回报。2010年3月，他被任命为武黄城际铁路项目某特大桥路基施工负责人。此项目涉及跨绕城高速特大桥施工，对技术要求非常高。李佳文努力学习，请教专家、自学，对工作精益求精，攻克一个个技术难题，一年半后他如期完成了工程，其建设质量参数甚至优于验收标准。于是，沈阳市全运村体育馆部分项目、山西五盂高速公路某路基技术施工项目接踵而来，给了他更大更高的施展平台。

2013年8月，李佳文承接贵州渝黔铁路某隧道项目。这个项目技术难度非常高，涉及隧道施工，况且贵州地貌环境不甚理想，山体较多，给施工带来了较大困扰。但李佳文的选择是"一丝不苟，全力以赴"。

20分钟前，因为感冒他还在医院，20分钟后他已经在工地现场忙碌；上午还在陪领导视察项目，汇报工区情况，下午便已经到达成都同设计院的同志探讨图纸问题；他办公室的灯经常在凌晨2点多亮起，窗棂上映着他伏案疾书的身影……

李佳文说，人的精力是有限的，弹簧绷紧的时候，也会觉得很累，但当你真正地融入这份工作里，把它当成自己的事，每个小小的突破都是一种安慰，所以在累中感受快乐，再多的付出都是值得的。

当材料进场送检、桩基础检测中声测管保护出现问题，导致检测工作开展缓慢时，夜间2点浇筑第一根桩基混凝土时，隧道第一模仰拱时，他总会第一时间赶到现场查看情况，与施工人员并肩值守。

因工程资料模板更改，他督促工程人员晚上加班重编施工资料，怕小伙子们坚持不住，他经常半夜送来夜宵和水果为大家鼓劲加油，同大家一起在短短一周时间将资料赶出来并获得了监理方认可。

凡此种种，李佳文五年如一日始终坚守在施工第一线。坚持，忙碌，奋斗，与梦同行，铸就了李佳文的如歌岁月。（欧阳琦）

七、娄职毕业生李红艳：我要当机电岗位能手

李红艳是娄底职院2012届机电5班毕业生。见图附录2-7。他目标明确，将自己定位于高级技工，精学车、焊、镗、铣等相关技能，在三一这个大企业稳打稳扎，成为岗位能手，薪资从开始的1 300元提升到了6 500元一个月。

步入大学　自己养活自己

李红艳是岳阳人。因为家里人一致看好机电专业的就业前景，2009年9月他就读娄底职院机电5班，专业为机电一体化。

除了机电一体化的专业课程，李红艳还选修了计算机维修、音乐鉴赏等课程。他专业

图附录 2-7　娄职毕业生李红艳

知识扎实，擅长 CAD、PROE 等制图软件的操作与应用，拿到了计算机等级二级证，还考取了特种作业电工证。除此以外，网络和电子商务他也比较感兴趣，办公自动化、Word、Excel 都能熟练操作，成绩优秀。

李红艳家境并不优裕。进入大学后，他开始寻求创业机会，希望自给自足，不向家里伸手要钱。从开始申请勤工俭学，当餐厅服务员、当图书管理员，再到后来自己创业，承办学院"电脑医生"小门面，李红艳靠这些养活自己，同时也尝尽了辛酸苦辣。最终由于资金短缺与经营管理不善，创业以失败告终。这段经历磨砺了他的意志，让他学会了珍惜机会。

走上岗位　争当岗位能手

2012 年，李红艳凭借优秀的学业成绩与鉴定表现，顺利进入世界五百强企业——三一重工，来到娄底三一液压件有限公司工作。

一开始，他是以顶岗实习的身份进入公司的。3 个月时间里跟着师傅学习，公司提供 1 300 元的补助，提供吃住。如果 3 个月后还不能独立开工，公司将不再提供补助。与他同时进入公司的 40 余名实习生在坚持了一段时间后纷纷告退，李红艳却坚持了下来。"我看重的是三一这家大公司，坚信一个优良的企业必然能教给我们很多东西。"

李红艳的岗位是车间一线工，干过焊工、车工、铣工。李红艳想多跟着师傅学点技能，他换了几个工种岗位，所以一年后才正式开班，拿到 3 000 元工资。他的工作很简单，在工位上直接操作电机、车床，按照模型图纸将元件制作出产品。这项工作以计件算酬，劳动强度非常大，经常是连续几个小时紧盯电机与车床，非常辛苦。很多人嫌工作累工资不高满嘴怨言，但李红艳毫无怨言。他将自己定位于高级技工，下班之余勤学苦练，精学了车、焊、镗、铣等相关技能。一分耕耘，一分收获。一段时间后公司发现他的出件质量相当高，工作效率也特别高，做事踏实、勤恳，对他刮目相看。现在他每月能拿到近 6 500 元的工资。

"创业是苦的，工作是苦的，如果我们不放弃，当上能手，这一切付出就都值得了。"

李红艳很朴实地说。(欧阳琦)

八、娄职毕业生黎苏云：光荣的检察院书记员

黎苏云，娄底职院公共事务管理系文秘专业毕业生。见图附录 2-8。这名多才多艺的女子，在学校时如花般灿烂绽放，荣获国家奖学金和院长奖学金、院系优秀干部等荣誉，在作文比赛、模特大赛、合唱比赛中光彩照人；她顺利考入邵阳县人民检察院，成为一名光荣的书记员。踏实勤勉是她成功的秘诀。

图附录 2-8 娄职毕业生黎苏云

积极主动 充实的大学生活

黎苏云出生在邵阳农村，父母文化水平不高，一家靠大人种地和农闲时外出打工维持生计，家境并不宽裕。2011 年，她来到娄底职院就读文秘专业。

学习机会来之不易，黎苏云非常珍惜。她非常注重专业知识技能的学习，各项成绩优秀，获得了国家奖学金、院长奖学金；注重计算机方面能力的培养，通过了国家计算机考试专业四级。

黎苏云非常热心各项社会活动。在校期间她担任过班长和系部学生会副主席。她积极主动地为同学服务，带领班级在系部组织的合唱比赛、舞蹈比赛、演讲比赛、情景剧大赛中取得优异成绩；及时解决同学在生活、学习上遇到的各种难题，帮系部做自己力所能及的事情。此外，她还注重自己能力的培养，多次在"五四"期间参加青年志愿者活动，看望并帮助孤寡老人等。她多次荣获娄底职院"优秀学生干部"、公共事务管理系"优秀学生会干部"等荣誉称号，在全院红歌会比赛，系里的作文比赛、合唱比赛中都获过奖，也曾获得娄底职院首届大学生文化艺术节模特大赛最佳台风奖。目前，她已正式成为一名光荣的中国共产党党员。

附录 2　就业创业明星

脚踏实地　勤勉的检察事业

2013 年 4 月，黎苏云在网上留意到一条招聘信息，邵阳县人民检察院招聘合同制书记员 4 名，其中文秘人员 1 名，考试时间为两个月后。一心想参加考试的她，每天早上 6:00 起床复习，除了按时上课，其余时间都在抓紧复习功课，准备考试。最终她顺利通过笔试、面试及计算机操作考试，来到邵阳县人民检察院就职。目前她已顺利通过试用，成为一名书记员。

黎苏云先后在控申科、档案室和办公室工作。刚到控申科，正赶上单位要申报"省级文明接待室"，要整理大量的案卷资料。黎苏云说，要整理好一本案卷，需要经过七个步骤（借取档案；查看年份、日期是否达到入卷要求；复印案卷中的来访登记表、案件处理登记表、立案情况登记表、移送处理函、案件处理结果回复函；输机，编写目录；手动编写页码；装订成册；归回档案）。这个过程看似简单，其实要求很高，比如手动编写页码时，因为一本案卷有几十页到几百页不等，一旦中间出现一点差错，就要把页码擦掉，重新编页。半个多月没日没夜的加班，单位最终荣获了"省级文明接待室"荣誉称号，而黎苏云因为表现出色，被调到了办公室工作。

检察院办公室的工作涉及内容多而杂，也是最锻炼人的。黎苏云说，她主要负责接听电话、接待来访、信息档案、公文信件邮件传真流转；处理机要文电、内外联络、督查、检察统计、档案管理、保密工作等。看似平凡而琐碎的工作，要高效率地完成也不简单。她首先下功夫熟悉基本业务，主动融入集体，与领导同事友好相处；工作上做到坚持原则落实制度，树立服务意识；注意把握分寸，做到方圆有度，时常反省自己，及时改正存在的问题。她很快赢得了大家的认同，她们办公室工作也多次在省级、市级、县级获奖。目前，黎苏云已被借调到反贪局的办案部门工作。

"良好的心态、对工作的热诚、高度的责任心是成功的先决条件。"黎苏云总结自己的经历时如是说。（欧阳琦）

九、娄职毕业生陈金玲：当宠物医生真有趣

陈金玲，娄底职院 2012 届畜牧 1 班毕业生。见图附录 2-9。目前在深圳市瑞鹏宠物医院，担任宠物医生、综合管理部副主管。谈起自己的求职经历，陈金玲说要给学弟学妹们鼓劲加油：宠物医疗行业发展潜力很大！

图附录 2-9　娄职毕业生陈金玲

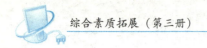

"其实这个专业很时尚"

说到当初选择这个专业的初衷,陈金玲朴实地一笑:"很早我就开始关注宠物医疗这个行业,中学时就有了想法。"高考后,带着一家人的嘱托,陈金玲来到了娄底职院。她学习成绩优秀,在班上非常活跃,历任副班长、农林系学习部部长、农林系学生会主席,这些都为她的就业打下了良好的基础。

随着学习的深入,陈金玲对这个专业的就业前景的认识也更加明晰。传统的畜牧行业就业集中在养殖场或大型生物科技公司,但随着现代生活方式的改变,宠物养殖、护理、医疗行业需求越来越大,畜牧专业的就业也越来越宽广。陈金玲俏皮地说,畜牧养殖专业也可以很时尚的。

用心,从助理到医生到主管

毕业实习时,陈金玲在家乡益阳市安化县长塘镇完小当了半年的小学老师。爸爸妈妈认为女孩子当老师最适合了,有尊严,收入也稳定,家里人非常希望她就此安顿下来。可陈金玲始终放不下自己学了三年的专业知识。

2012年9月,陈金玲下定决心离开家乡,来到了深圳。"宠物医疗行业目前在中小城市方兴未艾,大城市则相对成熟,就业机会也大多了。"由于目标明确,陈金玲很快就找到了工作,来到深圳市瑞鹏宠物医院。

瑞鹏宠物医院成立于1998年,在中国有30多家直营分院,拥有阵容强大的专家团队、国际先进的医疗设备、标准化的服务流程,每年为数十万只宠物提供医疗保健、美容造型、寄养、洗浴、SPA、食品及用品等服务。凭借扎实的专业基础,过硬的沟通能力,陈金玲顺利入职,成为一名宠物医生助理。

陈金玲告诉记者,儿时的就医经历她记忆深刻,深知一个微笑一份关爱对患者有多重要。虽然自己现在的病患不是真正的人,但小动物很有灵性,一样也会有各种各样的情绪反应,有时比人的反应还激烈些。陈金玲说,宠物不会讲话,但它们会用心去感受你为它做的一切。一次一位阿姨带着家里的猫猫来做治疗,从跟阿姨沟通猫猫的情况到检查猫猫的病情到做治疗,陈金玲始终面带微笑,很顺利地完成了整个流程。到了第三天,陈金玲休息,那位阿姨居然在医院等着一定要陈金玲去给她家猫猫打针。本来医院安排其他医生给猫猫打针,可猫猫一见到那位医生,就在诊室上蹿下跳,一点也不配合。没办法陈金玲赶快过去,猫猫这才乖乖让她抱出来完成了治疗。接下来几天的治疗也都由陈金玲为它做。到了猫猫出院的时候,陈金玲问宠物主人:为什么每次打针都找我?而且猫猫也对我很温顺……阿姨说,我跟我家宝贝都感觉到了你的用心,我们都喜欢看到你对我们笑。

她的用心、认真,得到了顾客、医院领导和同事的认可,入职8个月后陈金玲升职为医生,2个月后又很快升职为综合管理部副主管,主要负责医务管理与协调。一分耕耘,一分收获,在陈金玲身上得到了最好的验证。(欧阳琦)

十、娄底职院毕业生谭文斌:专业造绿师

谭文斌是娄底职业技术学院2013级园林技术专业毕业生。见图附录2-10。经过自己的刻苦努力,在家人扶持下创办了涟源市兴茂苗木专业合作社,主要为大小工程供给苗木及

承包小的园林绿化工程。谭文斌说，他们的工作叫"造绿工程"，所以他们可称为"专业造绿师"。

图附录 2-10　娄职毕业生谭文斌

谭文斌的父亲是老一辈的园林师，从事这一行业已有 30 多年，他们在长沙创办了自己的苗圃企业。从小耳濡目染，谭文斌对园林技术有着天然的亲近。2013 年，谭文斌考上娄底职业技术学院，父母与他一致决定就读园林技术专业。在校时，他专业成绩非常好，技能突出，得到了农林学院胡松梅等老师的认可。学习之余，他还担任了农林学院外联部副部长，院国旗班国旗手，极大地锻炼了自己与外界交流的能力，口才大大提升。

大二时，在家人的支持下，谭文斌创办了涟源市兴茂苗木专业合作社，开始半工半读。合作社有 20 多位施工队员，谭文斌亲自负责苗木技术指导工作。由于之前打下了扎实的专业基本功底，谭文斌在施工技术方面比较熟练。真遇到一时解决不了的问题，他会向父亲和老员工请教，虚心实践。

合作社成立三年来，每年营收业务额都在百万左右。谭文斌带领施工队已完成了湖南人文科技学院南风苑的绿化工程、娄底市政府联村建绿涟源项目。联村建绿是娄底市政工程，要求很高，工程完成一年以后验收，要求植物存活率在 90% 以上。而谭文斌他们的涟源项目存活率达到了 98%，娄底市、涟源市有关部门来验收时非常满意。

"做工程的过程是非常辛苦的。"谭文斌说，施工不能挑选时间，遇到下雨下雪下冰雹，都会对苗木有很大影响。树苗一旦运到工地上就必须马上栽下，不能停留太长时间。一个项目启动，他们要在工地上驻扎半个月以上，早出晚归，抓紧时间施工。有时遇到工地土壤不适宜栽种，他们还需要运土更换。施工后很长一段时间内，他们还需要派人给苗木浇水施肥，做好后期的养护工作。除了这些技术方面的问题，谭文斌还需要调解劳资矛盾、各种突发的状况。

"经验都是从不断的失败和磨炼中累积起来的。"谭文斌寄语学弟学妹，一定要学好专业理论知识，操练好实践技能，今后才能获得好的发展。

谭文斌说，今后他们将以公寓、小区、公园、别墅的绿化为主业。他们最大的特色就是以创新经营为理念，依据市场的需要、客户的需求进行景观设计，力求以最小的投入获得最大的效益，从而获得更多的发展机会。"开拓创新，脚踏实地"就是他们的工作精神，他们正为建设绿色的、人与自然和谐的居住环境而努力工作。（欧阳琦）

十一、娄底职院毕业生莫操：要将动物医院开遍湖南

莫操是娄底职院农林工程学院2009级畜牧班毕业学生。见图附录2-11。打拼几年后，他与同学塞必成在湘潭创办了"诚品动物医院"，目前已在长沙开办连锁医院。"我希望5年内再开上几家动物医院，将'诚品'开遍湖南。"莫操的理想简单实际。

图附录2-11 娄职毕业生莫操

穿上白色制服的莫操比同龄人老成许多，看上去根本不像一名90后。他是湘潭人，在娄底职院读书扎扎实实学到了本领，不过印象最深的还是那几次实习。大二暑假他被老师推荐到湖南长沙文医生宠物医院实习，月工资1 000元，工作从早上8点到晚上10点，下班也是睡在宠物医院里面。老板很喜欢莫操，收他做了徒弟，每次出诊都会带着他去，手把手地细心教导。有一次，他跟老板出诊，忙完已是晚上11点，老板便把他带回家歇息。看到老板在长沙买的私人别墅，莫操暗下决心：一定要学好技术，今后自己创业，买下属于自己的别墅。

大三他来到长沙贝贝康宠物医院实习，逐渐将专业知识与实践技能相融合。2012年毕业后，莫操来到宠物市场及相关行业发展更好的深圳，就职于深圳瑞鹏宠物医院。在那里，他进一步锻炼提升了给宠物治病的水平与技能，也学习到了先进的动物医院管理经验。2013

年，凭借过硬的知识技能及较好的管理能力，莫操的人生迎来了第一次"开挂"，才毕业一年就被张家界宠爱宠物医院聘为院长。2014 年年底，莫操又迎来了人生的第二次"开挂"，回到家乡湘潭，和同班同学蹇必成创办了"诚品动物医院"。

"诚品动物医院"是一家集动物预防、动物诊疗、宠物美容、宠物寄养、宠物用品等为一体的综合性动物医院。莫操和蹇必成坚持"诚信为本，客户至上"的宗旨，本着"品质为本，精益求精"的经营销售理念，力求给客户提供全方位优质服务。

每天看到莫操的微信动态，都是一台一台的各种宠物手术和宠物寄养信息。重度肺炎、眼球脱落、骨折、乳腺肿瘤、肠异物、剖腹产、绝育、拔牙、犬细小病毒、蠕行螨，泰迪、哈士奇、金毛、阿拉斯加、拉布拉多、古牧、柯基、边牧、暹罗、雪纳瑞、小鹿犬、小比熊、博美、萨摩耶、秋田宝宝、卡斯罗，从 3 个月大到 12 岁的"老人家"，从 0.45 公斤的小狗到 110 多斤的大狗都有。莫操有时一天 3 台手术，做完腰都直不起来，有时半夜接到急诊不管多累都必须赶快响应，硬挺着上。

"真正决定一个人成就的，不是天分，也不是运气，而是严格的自律和高强度的付出。成功的秘密，就是不停地工作。简单的事情重复做，重复的事情用心做。如果你真的努力了，目标明确了，心胸豁达，你会发现自己比想象中优秀许多！"莫操的有感而发揭示了他成功的秘密。

"现在经常有主人送宠物来治疗，然后嫌弃治疗费用高，就不来接了。宠物们也很受伤的。"莫操说，遇到这样的情况，他们也很无奈。治疗需要成本，他们的各类医疗器械及针剂、药品都是进的高档货，每天光遗弃狗、寄养狗的狗粮之类的就消耗了他们很大一部分利润。他们会向外发布信息，希望有爱心人士来领养。"养了就是一种责任，宠物也是一条生命。想清楚再选择养宠物，起码要做到不抛弃不放弃，保证宠物的吃住问题。"

去年 4 月他们的店重新装修，6 月开业，结果 11 月就被告知要拆迁。房东不赔偿损失，政府拆迁时又将店内的仪器砸坏了，莫操他们损失很大。他们被迫搬迁，重新找店面装修，这一次不但耗尽了他们之前赚取的一切收入，还欠下了不小的一笔债。"感谢帮助支持我们的朋友，肯借钱给我们的朋友。没有他们，我真不知如何继续。"目前，动物医院经营状况良好，莫操年收入 40 万左右，社会影响也日益扩大。莫操说，他一直记得毕业时老师送的那句话"踏踏实实做事，勤勤恳恳做人"，希望自己坚守本心，做好每一件事。（欧阳琦）

十二、娄底职院毕业生江水清：争当工艺能手

江水清是娄底职院 2016 届应用电子专业毕业生。见图附录 2 - 12。目前就职于创维制造总部模组厂工程科，担任工艺员。短短一年，他从普通工艺员做到了项目管理工艺员，实现了技术与能力上的飞跃。

2013 年，江水清进入娄底职院电信学院学习。出于对应用电子专业天然的喜爱，江水清在学习上投入了比别人更多的时间与精力，仔细打磨，让他连续几年拿到了院系的奖学金。李和平、刘理云、谢平、李伟英等老师都指导过他的理论与实践学习，对他印象很好。好学上进的江水清毕业时完成了自考本科的学习，拿到了本科文凭。

在校时江水清担任了电信学院学生会宿管部副部长。工作职责要求他起早摸黑，查早操查就寝，让他养成了良好的生活习惯，做事勤勉。

江水清就读的是校企合作订单班，大三下学期创维集团到班上遴选实习生，江水清通过

图附录 2－12　娄职毕业生江水清

笔试、面试，3 月顺利进入了创维制造总部实习。5 月份，经过系列岗位培训，江水清进入模组厂工程科做工艺员。单位主营创维、LG 等液晶电视的模组生产。6 月份单位进行项目制改革，分小组管理机型工艺，江水清成为骨干，开始单独承接 OEM 的机型（专门为苏宁/PPTV/芒果等配给的液晶电视）的模组工艺。9 月他开始负责修正与整理外发机型的工艺文件与去外发厂进行工艺指导。12 月由组长和工程师带领江水清接触 QCC（提高产品质量、工艺水平）的立项与跟进工作。2017 年 2 月份他开始学习和进行优化资源配置、降低生产成本的 PIC 项目，负责跟进新工艺的导入，从事工艺管理和技术指导工作。

"天天都会面临各种难题。"江水清这样描绘他的工作。目前他们接到的是芒果 TV 的 65 寸液晶电视订单，江水清他们负责模组工艺任务，需要根据客户对产品的细节要求研发出工艺进行试产，经市场检验合格后，做出精细的人力、物力、时间成本预算，并做出详细预案：如果质量不合企标，怎么处理？如果超出预算，怎么办？如果哪一个环节比如供应链没跟上怎么办？……出现问题，江水清就会第一时间到达现场，从工艺、来料、构造原理等环节一个一个进行分析，初步确定问题后就会反馈给相应部门，逐级解决。"一旦接到任务单，就意味着神经紧绷一直到问题解决，压力不小。"

江水清现在是助理工程师，在项目制管理体系下，在项目为企业创收的那部分盈利中，会给项目组分配一部分奖金。在外销的松下电视项目当月，江水清拿到了 7 200 元工资。"小有成就的感觉。"江水清说。

初入企业，江水清分到了两个师傅来带。"别人都是一名师傅带，我有两名师傅，学到了更多技能与经验，真是赚到了。"一步一步走过来，江水清觉得坚持很重要。压力人人都有，遇到项目紧经常要加班，很是令人身心俱疲。不少同时进厂的人坚持不住都走了，江水清选择了咬牙坚守，也终有收获。对于未来，江水清希望能轮岗到其他项目继续进行锻炼，增加实战经验。"我会专注于技术提升，给自己制订了'精进'计划。"这个朴实憨厚的侗族小伙子脚踏实地，走出了属于自己的人生之路。（欧阳琦）

附录 3

学长学姐有话说

（一）庞蓉学姐有话说

庞蓉，娄底职业技术学院建筑与艺术设计系 2012 届工程造价 2 班学生。见图附录 3-1。在校期间任职学生会团总支书记，荣获了"国家励志奖学金""优秀学生干部""优秀团干""三好学生""优秀毕业生"等诸多荣誉，在校期间获得了自考本科文凭。现在就职于中铁八局集团第一工程有限公司市场营销部。

图附录 3-1　娄职毕业生庞蓉

亲爱的学弟学妹：

你们好！很高兴今天能以一名过来人的身份跟你们分享这几年的一些心得。

在刚踏上工作岗位时，我有点无法适应自己的工作，花了很长一段时间来调整，但是我没有放弃，因为学生会的锻炼培养了我良好的韧劲。市场营销部的工作对业务知识、口才、人际关系运营等方面要求十分高，所幸大学的团总支书记任职锻炼了我的组织、协调、领导以及沟通能力，我没有像其他见习生那样害怕与人交流，我能与客户侃侃而谈。通过几年的沉淀，我简单总结以下几点，仅供学弟学妹们参考：

第一，道德素养摆首位。行为是人思想的外在表现，许多企业在招聘员工的时候都会选择有良好行为习惯的人，他们一致认为这部分人的思想道德素养比较高。"士有百行，以德为先"，良好的道德修养是人终身发展的基础，也是其人生道路越走越宽、行稳致远的基本准则。在公司中老板们十分看重员工的职业道德,因此学弟学妹们在校期间要加强个人思想道德修养,尽早了解职业道德知识,以便更好地适应社会需求。

第二,知识储备很重要。对理工科专业的学生来说,技术是我们生存的资本,技术的好坏决定我们工资水平的高低。在这个时候,知识就是财富,知识可以改变命运!作为一名高职学生,我们应该养成良好的学习习惯,学好专业知识,掌握相关技能,才能快速适应岗位需求。在求知的过程中,我们应该坚持不懈、奋勇向前,前方才会有收获,才会有惊喜,才会有美好!

第三,业余爱好有必要。工作中我们会面临很大的压力,学会释压尤其重要,面对压力,我们可以从自己的兴趣爱好出发,如阅读、打球、旅游、交友等。喜欢阅读的学弟学妹们可以多去图书馆,接受书海的熏陶,做一个文艺小青年。喜欢旅游的学弟学妹们可以前往祖国各地,感受祖国大好河山所带来的魅力,做一个旅游小达人。总之,做自己喜欢的事情,你就会意随心生,心随意动,压力就能得到释放。

路漫漫其修远兮,吾将上下而求索。亲爱的学弟学妹们,希望你们珍惜大学的美好时光,刻苦学习,躬身实践,成为国之栋梁。

庞蓉

2019 年 3 月 22 日书于重庆

(二)蒋海升学长有话说

我叫蒋海升,2015 年 6 月毕业于娄底职业技术学院,是建筑与艺术设计系 2012 届工大 4 班的学生。见图附录 3-2。

图附录 3-2 娄职毕业生蒋海升

在校期间任班上团支书、系部学生会学习部干事、系党支部学生干事等职务,曾获"湖南省普通高等学校 2015 届优秀毕业生""学院 2015 届优秀毕业生",在湖南都市频道《先锋问答》第四季复赛节目中荣获"优胜奖",2013—2014 年度荣获"国家励志奖学金"、学院"优秀干部"、学院"优秀团干",在校取得自考本科学历文凭,现就职于中铁十六局集团第二工程有限公司,任项目工程部长一职。

你们是过去的我,我是未来的你们

对于多数毕业生来说,大学的时光像流星一样飞纵即逝。今天借母校这个平台,我想向学弟学妹们分享一下我步入社会的成长经历及自己的感悟。

Tip one:学会战斗。

人生的道路充满竞争,学弟学妹们要珍惜大学的美好时光,养成竞争意识。如何培养竞争意识呢?一是要明确目标,做好人生规划。建议你们学好专业知识,注重实践操作,考取更高的学历及更专业的职业资格证书。二是面对学校文体活动积极主动参与,赢取较好的奖项,力求成为一名优秀的学生。

Tip two:铸就品性。

欣赏一个人始于颜值,敬于才华,合于性格,久于善良,忠于人品。大学是我们人生观、价值观、世界观形成的关键时期,是我们提高人格魅力、养成良好习惯的重要阶段。在人格塑造过程中人际关系处理十分重要。首先,我们要学会关爱自己,平缓心态,才能与人为善。其次,我们要学会有效沟通,它是人际关系成功的重要砝码。最后,学会面对生活压力,找到一种适合自己的释压方法,帮助自己调整心态。

Tip Three:学会忍耐。

塑造自己是痛并快乐的过程,人生中我们会面对很多的诱惑,既有物质层面的,又有精神层面的。作为一名新时代的大学生,我们要学会抑制自己的不良欲望。一是要降低自己的物质需求标准,面对物欲横流的社会,应该懂得忍耐,做一些与家庭经济情况相符的消费。二是要找到精神寄托,大学生应纵情于知识的海洋,而不应该沉沦于每天的逍遥自在。同学们,请你们记住,走上坡路的人永远比走平路和下坡路的人要吃力。但是随着时间的推移,你的视野越来越宽,道路越来越顺。

学弟学妹们,请你们牢记"不忘初心,方得始终"。让我们用"最初的心,走最远的路"。

参 考 文 献

[1] 李建宁，邢敏．大学生就业指导[M]．北京：北京理工大学出版社，2017．
[2] 李家强．从职场新人到职场精英[M]．北京：电子工业出版社，2016．
[3] 谢力维，李竺蔚．职场礼仪[M]．成都：西南财经大学出版社，2015．
[4] 张智强．大学生职业规划与人生发展[M]．北京：北京大学出版社，2011．
[5] 刘畅．大学生心理素质教育[M]．北京：北京交通大学出版社，2007．
[6] 唐玉林，廖世萍．大学生素质教育教程[M]．北京：中国铁道出版社，2014．
[7] 何进军，朱其祥．大学生心理健康教程[M]．北京：世界图书出版公司，2007．
[8] 应届生求职网．应届生求职简历全攻略[M]．上海：上海交通大学出版社，2009．
[9] 司琼辉．就业与创业指导[M]．银川：宁夏人民出版社，2010．
[10] 李智．心理调适与心理健康[M]．北京：海潮出版社，2008．
[11] 曹丽荣，贺大志．简析新时期高职学生就业形势及就业指导策略[J]．湖北经济学院学报（人文社会科学版），2015（6）：179 – 180．
[12] 夏吉中．"活动式"作文的讲评[J]．语文教学通讯（初中刊），2008（3）：35 – 36．
[13] 肖亮．动物生命行为举例[J]．生物学教学，2008，33（1）：67．
[14] 秦国荣．劳资伦理：劳动法治运行的价值判断与秩序维护[J]．社会科学战线，2015（7）．
[15] 何承亨．最美丽的本能[J]．老年教育（长者家园版），2007（7）：37．
[16] 宋同飞．责任伦理视角下的食品安全[D]．中南大学，2013．
[17] 王贵新．大学生社会责任探析及社会责任意识培养[J]．青年时代，2013：124 – 126．
[18] 曾萍．企业伦理与社会责任[M]．北京：机械工业出版社，2011：10．
[19] 陈力蔚．浅谈大学生频繁跳槽原因及其教育对策[J]．科教文汇，2009（15）：80 – 80，86．
[20] 袁雷．大学生单方解除劳动合同成因与和谐劳动关系的构建——以淄博市部分中小企业为例[J]．考试周刊，2012（31）：149 – 151．
[21] 曾爱华．高职毕业生跳槽问题的实证研究——基于广东某高职院校毕业生的调查[J]．出国与就业，2011（19）：39 – 40．
[22] 关睿．大学毕业生跳槽成因浅析——以中侨职业技术学院汽车专业两届毕业生为例[J]．生涯发展教育研究．2015（03）．
[23] 吴小凤，周光华．当前大学生就业形势[J]．人力资源管理，2010（7）：331，333．
[24] 孙沛．实习就业初期大学生频繁跳槽的原因分析及对策[J]．山东纺织经济，2011（8）：43 – 44，59．
[25] 王大磊．莫让学子频跳槽[J]．人力资源，2006，（24）：57 – 60．
[26] 次仁朗杰．对我区大学毕业生择业的思考[J]．西藏教育，2009（9）：14 – 15．
[27] 李霞，潘建华．工匠精神的职业道德心理机制探析[J]．职业技术教育，2017（22）．
[28] 李国良，周向军．鲁班工匠精神的现代传承[J]．齐鲁师范学院学报，2017，32（5）：45．

［29］赵晓玲. 致匠心 高端制造呼唤工匠精神——中国制造 2025 与工匠精神［J］. 军工文化，2015（10）.

［30］郭朝先，王宏霞. 中国制造业发展与"中国制造2025"规划［J］. 经济研究参考，2015（31）.